KB275693

아는 만큼 누리는 예배

아는 만큼 누리는 예배

믿음이란
한 알의 밀알이 땅에 떨어져 죽음으로 많은 열매를 맺음과 같이
진리의 열매를 위하여 스스로 죽는 것을 뜻합니다.
눈으로 볼 수는 없으나 영원히 살아 있는 진리와
목숨을 맞바꾸는 차들을 우리는 믿는 이라고 부릅니다.
「믿음의 글들」은 평생, 혹은 가장 귀한 순간에
진리를 위하여 죽거나 죽기를 결단하는
참 믿는 이들의, 참 믿는 이들을 위한, 참 믿음의 글입니다.

아는 만큼 누리는 예배

송인규 지음

홍성사

예배, 본질로의 회복

이 책《아는 만큼 누리는 예배》는 '새시대교회'에서 전한 10주 연속(2000년 9월 3일~11월 5일) 주제별 설교 "예배란 무엇인가?"에 기초한 것입니다. 그렇지만 원래의 설교와 이 책의 내용 사이에는 많은 차이가 있습니다. 이에 대해 두 가지를 언급하겠습니다.

첫째, 말을 통한 설교와 글을 매개로 한 책이 다르다는 점을 고려하여, 모든 표현과 설명을 읽기에 적합한 형태로 바꾸었습니다. 둘째, 설교는 일반적으로 간략하고 단순히 전달되어야 하기 때문에 어떤 주제를 깊이 다루기가 어렵습니다. 그러나 책의 경우는 필요한 설명을 충분히 할 수 있으므로, 설교 때보다 그 내용을 훨씬 자세히 정리했습니다.

이런 식의 글을 **설교식 에세이**(sermonic essay)—어떤 분은 '에세이식 설교'가 더 적합하다고 할지 모르겠습니다만—라고 부를 수 있을 것입니다. 즉, 어떤 주제에 대해 설교식으로 전달하되 그 내용은 설교보다 훨씬 깊은 수준이 되도록 하는 것입니다. 저는 주제 설교에 대해서는 이런 작업이 허용될 수 있고, 심지어 필요하다고까지 주장하는 바입니다.

따라서 이 책의 내용은 흔히 말하는 강해 설교와 다릅니다. 비록 각 주제와 연관하여 내세운 본문이 있습니다만, 그 본문을 자세히 주해하는 데 역점을 두지 않았습니다. (물론 필요에 따라 그렇게 한 경우도 있습니다.) 오히려 주어진 주제를 체계적으로 정리하는 과정에서 본문을 해설하는 식으로 글을 구성했습니다.

이 책은 예배학 입문서나 예전(禮典, liturgy)에 대한 해설서가 아닙니다. 또 전통적 의미에서의 예배 갱신을 위한 안내서도 아닙니다. 이 책을 이해하기 위해서는, 예배와 관련하여 다음과 같은 문제점을 생각해 보아야 합니다.

처음 교회에 출석하기 시작한 그리스도인이 있다고 합시다. 그는 한 번도 거르지 않고 주일마다 꼬박꼬박 예배에 참석했습니다. 그러다가 예배 때 행하거나 이루어지는 여러 순서와 활동에 대해서 궁금한 생각이 들었습니다. '도대체 왜 일어났다 앉았다 하는 거지?' '성시교독은 뭐야?' '사도신경은 꼭 외워야 하나?' '대표기도 때 나머지 교인들은 뭘 하고 있어야 하는 거지?' '헌금을 꼭 예배 시간에 하는 이유는 뭘까?'

그래서 그는 자신을 교회로 인도한 장로 친구에게 찾아가 궁금한 점들을 하나하나 물었습니다. 그런데 놀랍게도, 그 장로 친구는 머뭇거리고만 있지 한마디도 답변을 하지 못했습니다. 그러면서 단지 이 말만 되뇌었습니다. "이런 것에 대해 드러내 놓고 질문한 사람은 자네가 처음인 것 같군. 실은 나도 처음에는 의문이 들었었지. 하지만 다 그냥 그렇게 하는가 보다 하고 지금까지 지냈어. 자네도 금방 익숙해질걸세."

이러한 반응이 단지 특정한 장로 한 사람에게서만 찾을 수 있는 게 아니라는 데 문제가 있습니다. 대부분의 교인들은 주보에 적혀 있는 현재의 예배 순서가 어떻게 하여, 무슨 목적으로 정해졌는지 전혀 알지 못합니다. 일반 신도들은 말할 것도 없이 직분자들까지, 심지어 목회자들조차도 제대로 정리하고 있지 않은 것 같은 인상을 줍니다. 바로 이러한 문제점을 해결해 보고자 이 책을 마련했습니다.

오늘날 한국 교회의 예배 현장을 보면, 최소한 세 가지 문제점(그 중 하나가 조금 전에 언급한 바입니다만)을 발견하게 됩니다.

첫째, 예배의 핵심이 예배 정신—신령과 진리로 하나님을 예배함—에 있다는 것을 망각한 채 예배를 드리고 있습니다.

둘째, 각각의 예배 순서—설교, 기도, 헌금, 특순, 성례, 찬송, 축도 등—가 예배 정신과 어떤 연관이 있는지 생각조차 하지 않고 있습니다. 따라서 예배에서의 수동성, 형식주의, 관람병(spectatoritis)이 창궐하는 것입니다.

셋째, 예배 갱신의 노력을 앞의 두 문제와 연관해서 기울이지 않고, 그저 사람들을 예배에 더 많이 끌어들이려는 전략 강화—외형적 화려함, 사람들의 흥미 유발, 감상주의적 자극, 여흥식 분위기 조성 등—만을 목표하여 줄달음치고 있습니다. 이것은 예배의 회복을 더욱 어렵게 만들 것입니다.

그러므로 예배에서 가장 근본적으로 강조되어야 할 것은, 뭐니 뭐니 해도 예배 정신의 회복입니다. 1장 '신령과 진리의 예배'에서는 그 점을 자세히 다루고 있습니다. 이것은 예수께서 수가 성여인과 나눈 대화의 내용을 근거로 삼고 있습니다. 그 다음의 모든 내용들은 실상 1장의 교훈을 적용하려는 시도에 불과합니다.

2장부터 8장까지(말씀, 기도, 찬송, 신앙고백, 헌금, 성례, 축도)는 우리가 드리는 예배 순서에 관한 것입니다. 오늘날 우리가 사용하는 예배 순서는 어떻게 해서 생겼는지, 이런 예배 순서와 예배 정신은 어떻게 연관되는지 밝히고자 했습니다.

9장 '예배에의 초대'는 지금까지 살펴본 내용에 기초하여 실제로 여러분을 예배에 초대한다는 의미에서 꾸몄습니다. 시편 95편은 이런 목적을 달성하는 데에 매우 적합한 내용입니다.

마지막 장인 10장 '생활 예배'는 엄밀한 의미에서 주일에 드리는 예배와는 내용이 다릅니다. 생활 예배는 우리가 예배 이후 우리의 일상생활을 어떻게 예배자로서 살아 내느냐 하는 내용입니다. 우리가 한국 실정에서 지속적으로 목격하는 바는 예배와 생활의 괴리입니다. 그러나 의식(儀式)으로서의 예배와 삶으로서의 예배는 함께 가야 합니다. 10장은 이런 것에 대한 설명을 담고 있습니다.

이 내용을 책으로 만들자는 아이디어는 원래 '새시대교회' 식구들에게서 비롯되었습니다. 홍성사의 옥명호 선생이 이 제안을 쾌히 승낙했고, 책이 나오기까지 후원과 자극을 아끼지 않았습니다. 이 책의 후반부 및 전체 편집은 이현주 선생의 수고로 이루어졌습니다.

저희 새시대교회 식구들은 아이디어를 주었을 뿐만 아니라 기

도와 격려로 도왔습니다. 특히 처음 몇 강좌의 내용 정리는 박성
준 형제의 수고에 힘입은 바 큽니다. 그리고 변함없이 제 아내는
이 모든 내용의 기본 골격을 위해 컴퓨터 자판을 수없이 두드렸습
니다. 그러는 동안 특수용어가 한 가지 탄생했습니다. "매우 쳐
라!" 아내에게 특히 고마움을 표합니다.

2003년 3월 1일

Song

■**일러두기**
  본문에 인용된 성경구절의 문장부호는 저자가 의미에 맞추어 첨부한 것입니다.

차 례

신령과 진리의 예배

섬김과 부복

19 여자가 가로되 "주여, 내가 보니 선지자로소이다.
20 우리 조상들은 이 산에서 예배하였는데 당신들의 말은 예배할 곳이 예루살렘에 있다 하더이다."
21 예수께서 가라사대 "여자여, 내 말을 믿으라. 이 산에서도 말고 예루살렘에서도 말고 너희가 아버지께 예배할 때가 이르리라.
22 너희는 알지 못하는 것을 예배하고 우리는 아는 것을 예배하노니 이는 구원이 유대인에게서 남이니라.
23 아버지께 참으로 예배하는 자들은 신령과 진정으로 예배할 때가 오나니 곧 이때라, 아버지께서는 이렇게 자기에게 예배하는 자들을 찾으시느니라.
24 하나님은 영이시니 예배하는 자가 신령과 진정으로 예배할지니라."

우리가 '예배'에 대해서 살펴보는 목적은 현재 행하고 있는 예배 의식(儀式, liturgy)이 왜 지금의 모습을 갖게 되었는지 생각해 보고, 이를 우리의 예배 정신과 결부시키기 위함입니다.

이스라엘 vs 사마리아

요한복음 4장 19절에서 24절 말씀은 예수께서 사마리아의 수가 성 여인과 나누신 대화 내용의 일부입니다. 이 말씀을 이해하기 위해서는 사마리아와 이스라엘에게 있는 갈등 관계, 그리고 신앙 의 차이에 대해 먼저 살펴봐야 합니다. 이로써 우리는 이 말씀의 내용을 더 명확하게 이해할 수 있기 때문입니다.

비극의 실마리, 그리고 갈등

사마리아와 이스라엘의 갈등이 깊어지게 된 결정적인 계기에 대해서는 역사적 기록이 명확하게 남아 있지 않습니다. 그러나 이에 대한 실마리와 대체적 윤곽은 이방 민족의 이스라엘 민족에 대한 정벌의 역사를 살펴봄으로써 얻을 수 있습니다. 이스라엘은 솔로몬 왕 이후에 북방의 이스라엘과 남방의 유다로 갈라지는데, 북이스라엘은 앗시리아에 의해 먼저 정복당하게 됩니다(주전 722년). 앗시리아는 여러 피지배 민족들에 대해 '섞음' 정책을 실시함으로써, 즉 이민족들을 섞어 함께 거주하게 함으로써 그 민족들 사이에서 벌어질 만한 민족적 단결이나 봉기를 예방하고자 했습니다. 그 결과 종교적 혼합주의가 북이스라엘 사람들 사이에서 팽배하게 되었습니다. 결국 옛 이스라엘의 수도였던 사마리아에 사는 사람들은 하나님을 섬기면서 동시에 이방신들도 섬기는 지경에 이르렀습니다.

그 후 유다는 바벨론에 의해 정벌되었지만(주전 586년), 피지배 민족에 대한 바벨론의 정책은 앗시리아에 비해 덜 가혹했기 때문에 유다는 종교적인 순수성을 계속 유지한 채 바벨론의 포로 상태에서 귀환할 수 있었습니다. 결과적으로 유다는 북방 이스라엘의 종교적 혼합주의를 비판하는 입장이 되었고, 그에 따른 유다의 배타적 입장 때문에 북방 이스라엘은 상처와 소외감을 갖게 되었을 것입니다. 이후 북방 이스라엘은 사마리아로, 남방 유다는 이스라엘로 불리게 되었습니다.

이유가 어떻든 이스라엘과 사마리아 사이의 마찰은 극심했는데, 이는 역사적으로 여러 방면에서 드러나 있습니다. 좀더 생생한 사태 파악을 위해서 포로 귀환 이후의 실태를 살펴보도록 합시다.

유다와 베냐민의 대적이 사로잡혔던 자의 자손이 이스라엘 하나님 여호와를 위하여 전을 건축한다 함을 듣고 스룹바벨과 족장들에게 나아와 이르되 "우리로 너희와 함께 건축하게 하라. 우리도 너희같이 너희 하나님을 구하노라. 앗수르 왕 에살핫돈이 우리를 이리로 오게 한 날부터 우리가 하나님께 제사를 드리노라." 스룹바벨과 예수아와 기타 이스라엘 족장들이 이르되 "우리 하나님의 전을 건축하는 데 너희는 우리와 상관이 없느니라. 바사 왕 고레스가 우리에게 명하신 대로 우리가 이스라엘 하나님 여호와를 위하여 홀로 건축하리라" 하였더니 이로부터 그 땅 백성이 유다 백성의 손을 약하게 하여 그 건축을 방해하되 바사 왕 고레스의 시대부터 바사 왕 다리오가 즉위할 때까지 의사들에게 뇌물을 주어 그 경영을 저희(沮戱)하였으며 또 아하수에로가 즉위할 때에 저희가 글을 올려 유다와 예루살렘 거민을 고소하니라. (스 4:1-6)

호론 사람 산발랏과 종이 되었던 암몬 사람 도비야와 아라비아 사람 게셈이 이 말을 듣고 우리를 업신여기고 비웃어 가로되 "너희의 하는 일이 무엇이냐? 왕을 배반코자 하느냐?" 하기로 내가 대답하여 가로되 "하늘의 하나님이 우리로 형통케 하시리니 그의 종 우리가 일어나 건축하려니와 오직 너희는 예루살렘에서 아무 기업도 없고 권리도 없고 명록도 없다 하였느니라." (느 2:19-20)

첫 내용은 주전 536년경 성전 건축과 관련하여 받은 반대(1-5절) 및 주전 486년 유다 백성이 겪은 까닭 없는 모함(6절)에 대한 것이요, 둘째 내용은 주전 445년 예루살렘 성벽을 보수할 때 일어난 사건에 대한 것입니다.

예루살렘이냐, 그리심 산이냐?

예수님 당시 이스라엘인과 사마리아인은 신앙의 핵심에서 두 가지 큰 차이를 보였습니다. 우선, 그들이 사용하던 경전이 서로 다르다는 점을 꼽을 수 있습니다. 사마리아인들이 모세 오경만을 경전으로 인정했던 반면, 유대인들은 우리처럼 나머지 34권의 책도 정경의 범주에 속하는 것으로 인정했습니다.

이스라엘인과 사마리아인의 신앙 핵심의 또 다른 큰 차이는 성전관에 있었습니다. 사마리아 사람들과 이스라엘 사람들은 특히 성전의 장소에 대해 의견을 달리했습니다. 이스라엘 백성이 가나안으로 들어갈 때, 하나님께서는 모세에게 예배를 드릴 장소를 한 군데 선택하셨다고 말씀하십니다(참고. 신 12:5). 하지만 이때, 그 구체적 장소에 대해서는 명확한 계시를 주지 않으셨습니다. 이후 이스라엘은 그들의 예배 처소를 예루살렘으로 정하는데, 이는 다윗이 하나님 앞에서 백성을 계수(計數)하는 죄를 범한 뒤 회개의 과정에서 알게 된 곳입니다(대상 21:15; 22:1; 대하 3:1).

그러나 사마리아 사람들은 모세 오경만을 경전으로 인정했기 때문에 이러한 후속적 계시를 받아들이지 않았고, 따라서 예루살렘이 성전을 위한 장소라는 주장에 동의하지 않았습니다. 그들은 모세 오경에 나타나는 간접적인 근거(신 11:29; 27:12)를 바탕으로 하여, 사마리아 근처의 그리심 산이 하나님의 성전을 위한 처소라고 주장했습니다. 그리하여 사마리아인들은 주전 400년경 그리심 산에 성전을 지었는데, 유대의 왕이던 요한 히르카누스(John Hyrcanus)가 약 270년 후(주전 129년) 그 성전을 파괴하고 말았습니다. 그러나 사마리아인들은 예수님 당시까지도 그리심 산에서 예배를 드리고 있었습니다.

예수님의 가르침

이스라엘과 사마리아의 이러한 역사적 · 신앙적 갈등을 배경으로 하여 예수님과 수가 성 여인이 대화를 나누고 있습니다.

[5]사마리아에 있는 수가라 하는 동네에 이르시니 야곱이 그 아들 요셉에게 준 땅이 가깝고 [6]거기 또 야곱의 우물이 있더라. 예수께서 행로에 곤하여 우물 곁에 그대로 앉으시니 때가 제 육시쯤 되었더라. [7]사마리아 여자 하나가 물을 길러 왔으매 예수께서 "물을 좀 달라" 하시니 [8]이는 제자들이 먹을 것을 사러 동네에 들어갔음이러라. [9]사마리아 여자가 가로되 "당신은 유대인으로서 어찌하여 사마리아 여자 나에게 물을 달라 하나이까?" 하니 이는 유대인이 사마리아인과 상종치 아니함이러라. [10]예수께서 대답하여 가라사대 "네가 만일 하나님의 선물과 또 네게 물 좀 달라 하는 이가 누구인 줄 알았더면 네가 그에게 구하였을 것이요 그가 생수를 네게 주었으리라." [11]여자가 가로되 "주여, 물 길을 그릇도 없고 이 우물은 깊은데 어디서 이 생수

를 얻겠삽나이까? ¹²우리 조상 야곱이 이 우물을 우리에게 주었고 또 여기서 자기와 자기 아들들과 짐승이 다 먹었으니 당신이 야곱보다 더 크니이까?” ¹³예수께서 대답하여 가라사대 “이 물을 먹는 자마다 다시 목마르려니와 ¹⁴내가 주는 물을 먹는 자는 영원히 목마르지 아니하리니 나의 주는 물은 그 속에서 영생하도록 솟아나는 샘물이 되리라.” ¹⁵여자가 가로되 “주여, 이런 물을 내게 주사 목마르지도 않고 또 여기 물 길러 오지도 않게 하옵소서.” ¹⁶가라사대 “가서 네 남편을 불러 오라. …… ¹⁸네가 남편 다섯이 있었으나 지금 있는 자는 네 남편이 아니니 네 말이 참되도다.” (요 4:5-18)

이 대화를 잘 들여다보면, 예수님은 여인의 개인적인 문제, 즉 그녀의 아픈 부분을 이야기하는 쪽으로 대화를 끌어가려고 하는 반면, 여인은 화제를 자꾸 다른 쪽으로 돌리려 하고 있음을 알 수 있습니다. 이 과정에서 예수님은 여인의 남편에 대하여 말씀하심으로써(4:16, 18), 그녀가 당면한 문제의 정곡을 찌릅니다.

¹⁹여자가 가로되 “주여, 내가 보니 선지자로소이다. ²⁰우리 조상들은 이 산에서 예배하였는데 당신들의 말은 예배할 곳이 예루살렘에 있다 하더이다.” ²¹예수께서 가라사대 “여자여, 내 말을 믿으라. 이 산에서도 말고 예루살렘에서도 말고 너희가 아버지께 예배할 때가 이르리라. ²²너희는 알지 못하는 것을 예배하고 우리는 아는 것을 예배하노니 이는 구원이 유대인에게서 남이니라. ²³아버지께 참으로 예배하는 자들은 신령과 진정으로 예

배할 때가 오나니 곧 이때라. 아버지께서는 이렇게 자기에게 예배하는 자들을 찾으시느니라. [24]하나님은 영이시니 예배하는 자가 신령과 진정으로 예배할지니라.” (요 4:19-24)

그러자 여인은 예수님을 ‘선지자’(19절)라고 지칭하는데, 이는 남의 속사정을 아는 신령한 능력을 지닌 사람이 선지자라는 당시의 일반적 인식(참고. 막 14:65; 눅 7:39)에 근거한 듯합니다. 그러면서도 여인은 이야기를 다시 다른 방향으로 돌리기 위해 성전의 장소에 대해 의문을 제기합니다. 하지만 여인이 이야기 전환을 위해 제기한 이 의문은 그녀가 예수님을 믿게 되는 계기가 되고, 예배의 본질에 대한 이야기를 이끌어 내는 놀라운 전환점이 됩니다.

예배에 대한 새로운 시각

위의 대화에서 예수님이 ‘산’(21절)이라 칭하신 곳은 앞에서 말한 그리심 산을 이르는 것입니다. 여인은 사마리아와 이스라엘이 의견을 달리했던 내용, 곧 예배 처소에 대해서 문제를 제기하고 있는데, 예수님은 이 질문에 크게 세 가지로 답변하십니다.

우선, 예수님은 사마리아 사람들의 신앙의 근본적인 오류를 지적하심으로써 ‘그리심 산’이 올바른 예배 처소가 될 수 없음을 말씀하십니다(22절). 그 근거로서 예수님은 구원이 유대인에게서 난다는 사실을 들고 있습니다. 이는 메시아, 즉 예수님 자신이 유대인이시기 때문이며(사 11:10; 행 13:22-23; 롬 1:3; 9:5), 또 유대인의 모든 경전을 통틀어서 메시아에 대한 올바른 계시가 나타나기 때문이기도 합니다(참고. 사 2:3; 롬 3:1-2). 여기서 우리는 유대인들이 구약 시대까지는 올바른 예배를 드려 왔음을 알 수 있습니다.

둘째, 예수님은 예배와 관련하여 그때까지와는 전혀 다른 새 시대의 도래를 말씀하십니다(21절). 예수님은 예배의 장소와 형식보다는 정신이 중요해지는 시대가 온다고 하시면서, 이에 대해서는 유대인도 알고 있지 못하다고 말씀하십니다.

마지막으로 예수님은 예배의 본질에 대해 말씀하심으로써 여인에게 '참 예배'가 무엇인지 가르쳐 주십니다. 여기서 예수님은 '신령과 진정의 예배'를 말씀하고 계시는데, 이는 형식과 체계보다는 '신령과 진정'이 중요함을 의미합니다. 예배와 관련한 이 말씀이 지금의 우리에게는 당연하게 들릴 수도 있겠지만, 당시 유대인들에게는 혁명적인 생각이었을 것입니다. 만약 예수께서 이 말씀을 유대인들 앞에서 하셨다면, 유대인들은 분명 들고일어났을 것입니다.

중심으로 드리는 예배

예수님은 '신령과 진정의 예배'가 중요한 이유를 두 가지로 제시하십니다(23-24절). 첫째는 하나님은 영이시기 때문입니다. 하나님은 영이시므로 영으로 예배를 드려야 한다는 논리입니다. 둘째, 예수님은 하나님이 그것을 열망하시기 때문에 신령과 진정의 예배가 중요하다고 말씀하십니다. 23절을 보면, "아버지(하나님)께서는 이렇게 자기(그분)에게 예배하는 자들을 **찾으신다**"라고 표현되어 있습니다.

  예수님의 답변의 핵심은 '신령과 진정'에 있습니다. 예수님 말씀에 따르면, 진정한 예배는 신령과 진정에서 나온다는 것입니다. 그렇다면 이 신령과 진정의 의미는 무엇일까요? '신령'을 'Spirit' 즉 '성령'으로 해석하는 사람도 있고, 'spirit' 즉 인간의 중심·영 혹은 근본으로 해석하는 사람도 있습니다. 그러나 어느 쪽으로 해석하든, 신령으로 예배해야 한다는 말은, 예배는 궁극적으로 형식과 규율의 문제가 아니고 우리의 중심으로 혹은 성령으로 드려야 한다는 의미입니다.

  '진정'이라는 말의 해석과 관련하여 우리는 흔히 주관적인 측면, 즉 '진실됨'(truthfulness)으로 이해하는 경우가 많습니다. 그러나 이 말씀에서는 '진정'이 좀더 객관적인 의미로 사용되고 있습니다. 다시 말해서, 그 단어의 의미가 '진실됨'보다는 '진리'(truth)에 더 가깝습니다. 물론 '진실됨'이라는 주관적인 의미를 전혀 배제할 수는 없지만, 실제로 이 말씀에서는 '진정'(진실됨)이라는 주관적인 측면보다는 '진리'라는 객관적 지식의 측면이 더 많이 강조되어야 할 것입니다. 왜냐하면 하나님이 누구인지 정확히 아는 객관적인 지식의 토대가 없는 '진정'(진실됨)은 무의미한 것이기 때문입니다. 이런 의미에서 저는 '진정'을 '진리'로 대체하겠습니다. 이 말씀을 이해하는 데에 이것이 더 적합하다고 생각하기 때문입니다.

  정리하자면, '신령과 진정으로 예배를 드린다' 함은 하나님이 누구인지에 대한 진정한 앎을 바탕으로 하여 우리의 중심과 내면, 우리의 심령으로 예배함을 의미합니다.

그런데 우리가 신령과 진리로 예배를 드리려면 반드시 두 가지 요소를 갖추어야 합니다. 먼저 주님에 대한 섬김이 있어야 합니다. 영어로 예배를 'service'라고 하는데, 이때 이 단어는 '섬김'이라는 뜻으로 사용됩니다. 이것은 예배에 섬김의 의미가 내포되어 있다는 것을 보여 주는 단적인 예입니다. 둘째, 예배자가 가져야 할 또 다른 요소는 부복(俯伏)입니다. 우리가 주님께 예배를 드림은 그에게 복종한다는 의미도 포함하고 있기 때문입니다.

예전, 왜 필요한가?

이제 우리는 한 가지 난관에 봉착하게 됩니다. 현대 예배의 예배 순서와 위에서 말한 예배의 태도가 과연 연결이 되고 있는가 하는 문제입니다. 즉, 지금의 예배 순서가 우리의 중심으로부터 섬김의 각오와 부복하는 자세를 촉발하는가 하는 것입니다. 예배 의식, 예배 순서를 통틀어 '예전'(禮典, liturgy)이라고 하는데, 우리가 이 문제를 더 정확한 시각으로 바라보기 위해서는 먼저 예전의 필요성부터 검토해야 합니다.

예전을 도입해야 하는 첫째 이유는, 예배에는 어떤 형식 혹은 일정한 틀이 필요하기 때문입니다. 이 말을 듣고, '형식보다는 신령과 진실이 중요하다고 강조해 놓고 왜 모순 되게 다시 틀을 강조하는가?' 하며 의구심을 품을 수도 있을 것입니다. 그러나 이 모순점은 '틀/형식'(form)에 대한 두 가지 의미를 생각해 봄으로써 해결할 수 있습니다. 구약의 형식은 '본질적 형식'(essential form)이라고 할 수 있습니다. 구약의 모든 가르침은 형식이 필수적인 요건으로 작용했습니다. 이 점을 예배와 연관시켜 본다면, 형식도 예배의 본질에 속한 것이었다는 뜻입니다. 그러므로 구약에서는 형식이 없이는 예배가 성립하지 않았습니다. 그런데 예수께서는 우리가 더 이상 이러한 구약의 형식에 얽매일 필요가 없다고 말씀하십니다.

반면, 신약의 형식은 '도구적 형식'(instrumental form)이라고 할 수 있습니다. 예배할 때 더 이상 구약에서처럼 본질적 형식이 필요하지는 않지만, 인간이 연약하고 제한된 피조적 존재인 만큼 그 정신을 살리기 위한 도구적 형식은 필요합니다. 예를 들어, 우리의 심령을 고양시키는 찬송, 거룩함을 느끼게 하는 건축 양식, 예배 순서 등은 우리의 신앙심에 많은 기여를 합니다. 이런 맥락에서 본다면, 십자가나 비둘기, 목사의 예복, 기타 각종 상징물 등도 도구적인 형식이라고 할 수 있습니다. 다시 말해서, 우리가 이제는 예수님의 구속 사역으로 인해 더 이상 본질적 형식에 얽매일 필요가 없게 되었지만, 인간의 제한성 때문에 우리의 신앙을 고양시키는 데는 도구적인 형식이 필요하다는 것입니다.

둘째, 예전은 질서와 일치, 그리고 통일성을 위해 필요합니다. 혼자 드리는 예배에서는 굳이 질서가 필요하지 않습니다. 하나님과 나 사이의 교제가 있을 뿐입니다. 그러나 공적인 예배에서 질서는 필수적인 것입니다. 만약 예전이 없다면, 사람들은 공적인 예배에서도 제각기 마음대로 하나님께 예배를 드릴 것이고, 그로 인한 혼란은 이루 말로 다 할 수 없을 것입니다. 한쪽에서는 찬송을 부르고, 한쪽에서는 통성으로 기도하고, 또 한쪽에서는 성경 봉독을 하고 있다고 상상해 보십시오. 생각만 해도 어지러운 이 광경을 방지하는 것 역시 예전이 수행하는 중요한 기능입니다.

셋째, 현재 우리의 예전은 역사적인 뿌리를 가진 것으로서 그 의미를 결코 무시할 수 없습니다. 유대교까지 거슬러 올라가는 우리의 예전은 매우 중요한 신앙적 전통입니다.

넷째, 우리가 사도신경에서 명백하게 고백하듯이 우리는 '공회'(universal church)를 구성하고 있기 때문에 예전을 인정해야 합니다. '거룩한 공회'를 구성하는 우리는 나 한 사람의 특수성뿐 아니라 기본적인 사항에 합의를 이룸으로써 전체적인 통일을 기하도록 힘써야 합니다. 그런데 이런 기본적인 합의 사항들이 바로 이 예전을 통해서 이행될 수 있기에, 예전의 도입은 필수적이라 하겠습니다.

예배 순서와 정신, 괴리감 극복하기

이제 예배의 형식과 정신을 연결하는 문제에서 우리가 안고 있는 과제는 명백합니다. 우리의 과제는 예배의 참 정신이 살아나도록 하는 동시에, 이것이 예전을 통해서 이루어지도록 하는 것입니다. 오늘날 우리의 예배에서 드러나는 문제점은 예전이 참 예배의 정신을 잡아먹는다는 데 있습니다. 우리가 앞에서 제기한 문제의 근본이 여기에 있는 것입니다. 사람들이 예배 형식 좇기에 급급해서 참 정신을 잊게 되니까 예배의 근본정신과 형식 사이에 괴리가 생기는 것입니다.

우리는 이러한 괴리 현상을, 예수께서 말씀하셨듯이 신령과 진리의 정신으로 극복해야 합니다. 물론 예배의 어떤 순서—기도,

찬송—는 하나님 지식을 상당히 많이 필요로 하지만, 어떤 순서—광고 등—는 그렇지 않기도 합니다. 그러나 우리는 하나님이 누구인지 알면서, 어떤 분인지 알면서 예배 전체에 임해야 할 것입니다. 하나님의 속성과 그분의 뜻하심을 아는 것은 예배를 드리는 데 필수적입니다. 예배 때마다 항상 하나님의 임재하심, 살아 계심, 그가 예배하는 자를 찾으심 등을 의식하고 있어야 올바른 예배를 드릴 수 있습니다. 이러한 의식이 우리를 사로잡고 예전이 우리의 심령을 고양시키는 수단으로 사용될 때, 즉 우리가 예배의 각 순서가 왜 필요한지 인식하고 예배에 임할 때, 우리는 말 그대로 신령과 진리의 예배를 드릴 수 있습니다.

아직 우리는 각각의 예배 순서가 왜 필요한지 살펴보지 않았습니다. 앞으로 우리는 이 책에서 이러한 것들을 살펴볼 것입니다. 그러나 이 모든 것에 앞서 예배의 참 정신에 대한 중요성은 아무리 강조해도 지나치지 않습니다. 우리는 계속해서 예배의 참 정신을 강조해야 할 것입니다. 형식만이 있을 때 우리의 예배는 실패입니다. 경건한 겉모습은 우리의 '영'과 아무런 상관이 없을 수도 있습니다. 겉모습이 아무리 경건해도 속으로는 얼마든지 딴 생각을 할 수 있는 것이 인간이기 때문입니다. 이것은 특히 내용과 실속보다는 형식만을 중요시하는 유교 전통의 사회에서 더욱 그러한데, 한국 교회 역시 그러한 전통의 영향권 밖에 있는 것이 아닌지라 예배 때에 표리부동의 자세를 취하기가 쉽습니다.

이것을 극복하기 위해서는 우리의 심령이 끊임없이 주님에 대한 앎과 지식으로 가득 차 있어야 합니다. 또 우리의 심령이 하나님 앞에서 늘 새롭게 되어야 합니다. 그렇게 될 때 비로소 우리는 예전을 체면으로가 아니라 예배와 경배의 도구로 사용할 수 있을 것이며, 주님에 대한 섬김과 부복의 각오를 새롭게 할 수 있을 것입니다.

1. 예수님 당시 이스라엘 사람들과 사마리아 사람들은 각각 다른 장소에서 예배를 드리고 있었습니다. 이들이 각각 다른 장소에서 예배드리게 된 이유는 무엇입니까?

2. 성경은 "하나님은 영이시니 예배하는 자가 신령과 진정으로 예배할지니라"(요 4:24)라고 선포합니다. 여기서 말하는 '신령과 진정'의 원뜻은 무엇입니까?

3. 신령과 진리로 예배하기 위해서는 우리에게 두 가지 태도, 즉 섬김과 부복(복종)이 필요합니다. 현재 우리가 취하고 있는 예배 순서가 섬김과 부복(복종)의 태도를 촉발하고 있습니까? 그렇지 않다면 그 이유는 무엇이겠습니까?

4. 당신이 드리는 예배가 참 예배가 되기 위해서, 또 예배의 참 정신이 예전(예배 순서)을 통해 살아나기 위해서는, 개인적으로 혹은 교회적으로 어떤 노력을 해야 할까요?

말씀

그리스도 중심으로

14 베드로가 열한 사도와 같이 서서 소리를 높여 가로되 "유대인들과 예루살렘에
   사는 모든 사람들아, 이 일을 너희로 알게 할 것이니 내 말에 귀를 기울이라.
15 때가 제 삼시니 너희 생각과 같이 이 사람들이 취한 것이 아니라.
16 이는 곧 선지자 요엘로 말씀하신 것이니 일렀으되
17 '하나님이 가라사대 말세에 내가 내 영으로 모든 육체에게 부어 주리니
   너희의 자녀들은 예언할 것이요 너희의 젊은이들은 환상을 보고 너희의 늙은
   이들은 꿈을 꾸리라.……
21 누구든지 주의 이름을 부르는 자는 구원을 얻으리라' 하였느니라.
22 이스라엘 사람들아, 이 말을 들으라. 너희도 아는 바에 하나님께서 나사렛
   예수로 큰 권능과 기사와 표적을 너희 가운데서 베푸사 너희 앞에서 그를
   증거하셨느니라.
23 그가 하나님의 정하신 뜻과 미리 아신 대로 내어 준 바 되었거늘 너희가
   법 없는 자들의 손을 빌어 못박아 죽였으나
24 하나님께서 사망의 고통을 풀어 살리셨으니 이는 그가 사망에게 매여 있을 수
   없었음이라.
25 다윗이 저를 가리켜 가로되 '내가 항상 내 앞에 계신 주를 뵈었음이여,
   나로 요동치 않게 하기 위하여 그가 내 우편에 계시도다.
26 이러므로 내 마음이 기뻐하였고 내 입술도 즐거워하였으며 육체는 희망에
   거하리니
27 이는 내 영혼을 음부에 버리지 아니하시며 주의 거룩한 자로 썩음을 당치
   않게 하실 것임이로다.
28 주께서 생명의 길로 내게 보이셨으니 주의 앞에서 나로 기쁨이 충만하게
   하시리로다' 하였으니
29 형제들아, 내가 조상 다윗에 대하여 담대히 말할 수 있노니 다윗이 죽어
   장사되어 그 묘가 오늘까지 우리 중에 있도다.
30 그는 선지자라. 하나님이 이미 맹세하사 그 자손 중에서 한 사람을 그 위에
   앉게 하리라 하심을 알고
31 미리 보는 고로 그리스도의 부활하심을 말하되 '저가 음부에 버림이 되지
   않고 육신이 썩음을 당하지 아니하시리라' 하더니
32 이 예수를 하나님이 살리신지라. 우리가 다 이 일에 증인이로다.……
36 그런즉 이스라엘 온 집이 정녕 알지니 너희가 십자가에 못박은 이 예수를
   하나님이 주와 그리스도가 되게 하셨느니라" 하니라.

1장에서 우리는 예배의 근본정신에 대해서 알아보았습니다. 이제부터는 예배 순서의 중요한 항목들을 한 가지씩 살펴볼 것인데, 그 첫 순서로 2장에서는 '말씀'에 대해 살펴보겠습니다. '말씀'에는 '성경 봉독'과 '설교' 이 두 가지 항목이 포함됩니다.

예배와 설교: 역사적 개요

성전 시대

설교의 역사를 거슬러 올라가 보면, 성전 시대에는 예배에서 설교의 비중이 별로 크지 않았음을 알 수 있습니다. 성전 시대에는 예배가 의식(儀式, ceremony) 중심이었는지라, 제사를 드리는 것과 안식일이나 유월절과 같은 각종 절기를 지키는 것이 훨씬 더 중요하게 여겨졌습니다. 물론 선지자들에 의해서 말씀이 선포되기는 했지만, 이것이 정기 예배의 맥락에서 이루어지는 일은 아니었습니다.

그런데 이스라엘 백성들에게 바벨론 포로기가 닥치면서 이러한 예배 형식에 변화가 일어났습니다. 성전이 훼파되었기 때문에 전처럼 의식 중심의 예배를 드릴 수가 없게 되었습니다. 게다가 멀리 외국 땅에 포로로 잡혀간 이들로서는 더욱더 암담했습니다. 더러는 옛날을 그리워하기도 하고(시 42:1-4; 137:1-6), 다니엘 같은 경우 성전이 있던 예루살렘을 향하여 기도하는 등(단 6:10) 신앙적 전통을 지키기 위해서 노력했지만, 포로로 사는 기간이 길어지면서 곧 한계에 다다르고 말았습니다. 그 시기를 꼭 집어 낼 수는 없지만, 대개 이즈음부터 '회당 예배'가 시작되었을 것으로 추정합니다.

바벨론 포로기 이후 이스라엘 백성들은 본토로 귀환하면서 자신들이 바벨론의 포로가 된 원인이 하나님의 말씀을 준행하지 않은 데 있었다는 사실을 뼛속 깊이 자각하게 되었습니다(참고. 레 26:14-15, 33, 39; 신 28:15, 25, 36-37; 왕하 17:19; 대하 36:15-16; 스 9:7; 느 9:28-30). 이러한 반성과 더불어 상대적으로 말씀의 중요성이 크게 부각되었습니다. 에스라나 느헤미야와 같은 지도자들이 하나님의 말씀을 선포하는 데 엄청난 힘을 쏟은 것도, 바로 이러한 맥락에서 이해할 수 있습니다. 이때 우리는 성전에서 단순히 의식 중심의 예배로 드리는 것뿐 아니라 하나님의 말씀을 가르치고 배우는 것이 중요한 프로그램으로 채택되는 것을 발견하게 됩니다.

회당 시대

바벨론 포로기에 시작된 것으로 추정되는 회당 예배가 예수님 당시까지는 그 절차와 형식 면에서 어느 정도 확고히 수립되었다고 생각합니다. 예수님 당시에 보편화되었던 회당 예배에는 대개 다음 네 가지 중요한 요소가 있습니다. 첫째, 매일 드리는 회당 예배는 "모든 예배는 송축 받으실 여호와를 송축할지어다!"라는 기원(invocation)에서 출발합니다.

둘째 요소는 '쉐마'(שְׁמַע)로서 문자적으로는 '들으라'라는 뜻인데, 여기에서는 유대인의 신앙고백을 의미합니다. 그 신앙고백의 내용은 '들으라, 우리 하나님 여호와는 한 분뿐이시다'(신 6:4)라는 것인데, 바로 이 여호와 하나님을 마음과 성품과 뜻을 다하여 사랑해야 했습니다(신 6:5). 이스라엘 백성들은 이 고백 내용이 자신과 자녀들에게 가르쳐지도록 부지런히 힘써야 했고(신 6:6-7; 11:19), 기억을 새롭게 하기 위해서 늘 접하는 물체 위에 그 내용을 새겨 놓아야 했습니다(민 15:37-40; 신 6:8-9; 11:18, 20). 따라서 회당에서 예배를 드릴 때도 아침저녁으로 이런 고백을 한 것입니다.

회당 예배의 셋째 요소는 '테필라'(תְּפִלָּה)인데, 이는 기도를 의미합니다. 테필라에는 네 가지 송축 내용과 열여덟 가지 축원(祝願) 내용—그 가운데 몇 가지는 후대에 만들어진 것으로 생각되는데—이 포함되어 있었는데, 바로 이 기도문의 내용을 읽음으로써 기도를 드렸던 것입니다.

회당 예배의 넷째 요소로는 성경 봉독을 들 수 있습니다. 안식일과 성일에는 율법서와 선지서 말씀을 읽도록 했는데, 읽고 나서는 종종 앞서 읽은 구절을 해설하는 일이 뒤따랐습니다. 이 순서는 주로 회당 책임자 가운데 충분히 자격을 갖춘 인물이나 타지에서 온 방문자가 맡아서 진행하였습니다(참고. 눅 4:17-20; 행 13:14-15).

기독교 예배에서의 발전

이 회당 예배의 네 가지 요소는 기독교가 유대교로부터 독립해 나온 후에도 별 특별한 변화 없이 그 형태를 유지해 왔습니다. 다만 미사 중심의 예배가 행해지던 중세에는 예배 순서에서 말씀이 차지하는 위치가 많이 낮아졌습니다. 물론 어거스틴처럼 미사 도중 회중을 향하여 열심히 설교하는 예—현재 약 562편의 설교가 자료로 남아 있음—도 없었던 것은 아니지만, 전체적으로 보아 예배에서 설교의 비중은 그다지 크지 않았습니다. 특히 중세 말에는 이 현상이 좀더 심해졌습니다. 하지만 16세기 종교개혁 운동으로 말미암아 개신교가 출현하면서 말씀의 중요성이 강조되었고, 성경 봉독과 설교는 예배 순서에서 다시 가장 중요한 위치로 부상하였습니다.

말씀 1. 성경 봉독

오늘날 성경 봉독(Bible reading)이라 함은 설교자의 강해 본문을 자신 혹은 타인이 읽는 일을 가리킵니다. 또 영어권, 특히 영국에서는 'Bible reading'이라는 용어가 성경 본문에 대한 간략한 주해를 의미하기도 합니다. 그러나 지금 제가 말하는 성경 봉독은 설교 본문에 대한 것도 아니고, 어떤 본문에 대한 주해를 말하는 것도 아닙니다. 그저 문자 그대로, 예배 시간에 성경을 읽는 순서입니다.

이 순서는 종교개혁자들의 초기 예배에서 매우 중요한 역할을 했습니다. 칼뱅과 그 후계자들은 예배 때마다 신구약 본문을 읽었는데 매주일 연속적으로 그렇게 하였습니다. 그리하여 회중은 매주 예배에 참석함으로써 성경의 전체 내용을 들을 수 있었습니다. 그 당시는 오늘날처럼 자국어로 된 성경을 각자 갖추고 있지도 않았고 기본 교육의 혜택을 누구나 받을 수 있던 시대도 아니었기 때문에, 이러한 성경 봉독 순서는 회중에게 더욱 큰 의미가 있었습니다. 그러나 세월이 흐르면서 인쇄술이 발전하여 자국어 성경의 보급과 식자(識者) 교육이 보편화되고 신자들 또한 사적으로 성경을 읽을 수 있게 됨으로써 성경 봉독은 점차 그 중요성이 약화되었습니다.

또 성경 봉독 시에는 매주 시편을 읽기도 하고 간단한 운율에 맞추어 그 내용을 노래하기도 했는데, 이 순서는 오늘날의 예배 가운데 교독(交讀, responsorial/responsive reading)의 형태로 남아 있습니다. 교회 주보에는 보통 '성시(聖詩) 교독'이라고 적혀 있는데, 좀더 정확하게는 '성경 교독'이라고 해야 합니다. 왜냐하면 현행 찬송가에 수록되어 있는 76개의 교독문 가운데 33개만이 시편 본문을 기초로 하고 있고, 나머지 43개는 다른 성경 본문을 그 내용으로 하고 있기 때문입니다. 더 정확히 말하자면, 43개 교독문 가운데 8개는 잠언과 이사야서의 내용으로 되어 있고, 12개는 신약의 복음서와 일부 서신을 바탕으로 하고 있으며, 나머지

23개는 각종 절기에 합당한 성구들의 조합으로 되어 있습니다. 그러나 이미 성시 교독이라는 용어가 굳어져 있기 때문에, '성경 교독' 대신 '성시 교독'을 취하고자 합니다.

따라서 오늘날 우리의 예배 순서에 있는 '성시 교독'은 성경 봉독과 시편 찬양의 중간 형태라고 볼 수 있습니다. 한편으로는 '말씀'과 연관되고 다른 한편으로는 '찬송'과 연관된 예배 순서입니다.

말씀 2. 설교

종교개혁자들의 중요한 공헌 가운데 한 가지는 하나님의 말씀을 예배의 중심 순서로 회복시킨 것입니다. 그들은 단순히 성경을 봉독하는 것만으로는 하나님의 말씀이 회중의 삶에 영향을 미치지 못한다는 사실을 깨달았습니다. 그리하여 봉독한 본문 가운데 일부를 택하여 주해를 했는데, 이것이 바로 강설(講說, homily)로서 오늘날 설교(preaching)의 전신입니다. 그 후 어떤 본문을 선택하여 좀더 기술적인 성경 교훈(sermon)을 형성하는 식으로 발전하였는데, 오늘날 우리가 이해하는 설교는 바로 이것입니다.

훌륭한 설교 'ABCD'

그렇다면 우리가 하나님을 신령과 진리로 예배하는 데에 말씀이 그 역할을 다하기 위해 설교는 어떤 특징을 지녀야 할까요? 사도행전 2장 14절에서 36절 말씀에는 베드로의 오순절 설교 내용이 기록되어 있는데, 여기에서 우리는 좋은 설교의 네 가지 특징을 발견할 수 있습니다.

청중을 주목시키는 설교

좋은 설교는 우선 청중을 주목시키는 것이어야 합니다. 이는 사도행전 2장 14절에 가장 잘 나타나 있습니다.

> 베드로가 열한 사도와 같이 서서 소리를 높여 가로되 "유대인들과 예루살렘에 사는 모든 사람들아, 이 일을 너희로 알게 할 것이니 내 말에 귀를 기울이라."

사도행전 2장 14절에서 36절 앞부분을 잘 살펴보면, 오순절 설교 때의 상황이 우리가 흔히 생각하는 것처럼 그렇게 좋은 상황은 결코 아니었음을 발견하게 됩니다. 실제로 그 당시 정황은 설교하기에 매우 열악했습니다.

4절에서 11절 말씀에서 베드로가 설교하기 이전 상황을 살펴보면, 제자들이 방언으로 하나님의 말씀을 선포하는 광경이 나옵니다.

> [4]저희가 다 성령의 충만함을 받고 성령이 말하게 하심을 따라 다른 방언으로 말하기를 시작하니라. [5]그때에 경건한 유대인이 천하 각국으로부터 와서 예루살렘에 우거하더니 [6]이 소리가 나매 큰 무리가 모여 각각 자기의 방언으로 제자들의 말하는 것을 듣고 소동하여 [7]다 놀라 기이히 여겨 이르되 "보라. 이 말하는 사람이 다 갈릴리 사람이 아니냐? [8]우리가 우리 각 사람의

난 곳 방언으로 듣게 되는 것이 어찜이뇨? [9]우리는 바대인과 메대인과 엘림인과 또 메소보다미아, 유대와 가바도기아, 본도와 아시아, [10]브루기아와 밤빌리아, 애굽과 및 구레네에 가까운 리비야 여러 지방에 사는 사람들과 로마로부터 온 나그네 곧 유대인과 유대교에 들어온 사람들과 [11]그레데인과 아라비아인들이라. 우리가 다 우리의 각 방언으로 하나님의 큰 일을 말함을 듣는도다" 하고 [12]다 놀라며 의혹하여 서로 가로되 "이 어찐 일이냐" 하며 [13]또 어떤 이들은 조롱하여 가로되 "저희가 새 술이 취하였다" 하더라. [14]베드로가 열한 사도와 같이 서서 소리를 높여 가로되 "유대인들과 예루살렘에 사는 모든 사람들아, 이 일을 너희로 알게 할 것이니 내 말에 귀를 기울이라. [15]때가 제 삼시니 너희 생각과 같이 이 사람들이 취한 것이 아니라."

9절 이하에서 볼 수 있듯이 당시 예루살렘에는 적어도 15개의 서로 다른 지역에서 오순절을 지키러 온 유대인들이 거하고 있었습니다. 이 유대인들은 자신이 원래 거하는 각 지역의 방언으로 하나님의 말씀이 선포되는 것을 듣고 보통 놀란 것이 아니었습니다. 따라서 그 당시 청중은 매우 혼란스러워하고 어수선해했을 것입니다.

이 초자연적인 현상에 대한 청중의 반응은 크게 두 가지로 나뉘었습니다. 대부분의 사람들은 이 현상의 의미를 모르고 혼란스러워했고(12절), 또 다른 사람들은 오히려 그들이 새 술에 취했다며 조롱하였습니다(13절). 이처럼 지극히 혼잡한 상황을 수습하기 위해 베드로가 설교를 시작했던 것입니다.

베드로는 혼란스러워하는 사람들에게는 "이 일을 너희로 알게 할 것이니 내 말에 귀를 기울이라"(14절)라고 말함으로써 그들의 관심을 유도했습니다. 또 새 술에 취했다며 조롱하는 사람들에게는 이 제자들이 술에 취한 것이 아니라는 사실을 논리적으로 설명함으로써 그들의 주목을 집중시켰습니다. 그 당시 종교적 전통에 의거하건대, 오순절에는 유대인의 시간으로 제 육시(현재 우리가 사용하는 시간으로는 정오)까지는 음식을 못 먹게 되어 있었습니다. 베드로는 이러한 전통을 전제로 하여, 당시 시간이 제 삼시(오전 9시)이기 때문에 이들이 술에 취한 것은 아니라고 설명했습니다(15절).

베드로의 이러한 작업은 설교 도입 단계에서 매우 필요한 과정입니다. 우리는 베드로가 이로써 혼란을 진정시키고 메시지에 집중할 수 있도록 유도하는 데 성공하고 있음을 볼 수 있습니다. 물론 이러한 시도가 매번, 그리고 모든 설교에 다 필요한 것은 아닙니다. 만일 청중이 이미 마음을 열고 설교에 집중할 자세를 취하고 있다면, 장황한 도입부는 오히려 거추장스러운 것일 수도 있습니다. 그러나 청중이 심리적 거부 반응을 보인다거나 무관심한 경우, 혹은 설교에 집중할 상황이 조성되지 않은 경우나 불신자를 대상으로 설교해야 하는 경우, 이 과정은 필수적입니다. 이러한 이유로 우리는 청중을 주목시키는 것을 좋은 설교의 한 가지 특징으로 꼽을 수 있습니다.

본문의 의미를 명백히 밝혀 주는 설교

둘째, 좋은 설교는 성경 본문의 내용을 잘 소개하고 그 의미를 명백하고 올바르게 밝혀내야 합니다. 실제로 이것은 설교의 가장 핵심적인 특징이라 할 수 있는데, 이 점은 더 이상 설명이 필요 없을 정도로 베드로의 설교에 잘 나타나 있습니다. 사도행전 2장 14절에서 36절에 나타나는 베드로의 설교는 구약의 세 부분에 대한 인용과 해설이 전부라고 해도 과언이 아닙니다.

"……[16]이는 곧 선지자 요엘로 말씀하신 것이니 일렀으되 [17]'하나님이 가라사대 말세에 내가 내 영으로 모든 육체에게 부어 주리니 너희의 자녀들은 예언할 것이요 너희의 젊은이들은 환상을 보고 너희의 늙은이들은 꿈을 꾸리라. [18]그때에 내가 내 영으로 내 남종과 여종들에게 부어 주리니 저희가 예언할 것이요 [19]또 내가 위로 하늘에서는 기사와 아래로 땅에서는 징조를 베풀리니 곧 피와 불과 연기로다. [20]주의 크고 영화로운 날이 이르기 전에 해가 변하여 어두워지고 달이 변하여 피가 되리라. [21]누구든지 주의 이름을 부르는 자는 구원을 얻으리라' 하였느니라 [22]이스라엘 사람들아, 이 말을 들으라. 너희도 아는 바에 하나님께서 나사렛 예수로 큰 권능과 기사와 표적을 너희 가운데서 베푸사 너희 앞에서 그를 증거하셨느니라. [23]그가 하나님의 정하신 뜻과 미리 아신 대로 내어 준 바 되었거늘 너희가 법 없는 자들의 손을 빌어 못박아 죽였으나 [24]하나님께서 사망의 고통을 풀어 살리셨으니 이는 그가 사망에게 매여 있을 수 없었음이라. [25]다윗이 저를 가리켜 가로되 '내가 항상 내 앞에 계신 주를 뵈었음이여, 나로 요동치 않게 하기 위하여 그가 내 우편에 계시도다. [26]이러므로 내 마음이 기뻐하였고 내 입술

도 즐거워하였으며 육체는 희망에 거하리니 [27]이는 내 영혼을
음부에 버리지 아니하시며 주의 거룩한 자로 썩음을 당치 않게
하실 것임이로다. [28]주께서 생명의 길로 내게 보이셨으니 주의
앞에서 나로 기쁨이 충만하게 하시리로다' 하였으니 [29]형제들
아, 내가 조상 다윗에 대하여 담대히 말할 수 있노니 다윗이 죽
어 장사되어 그 묘가 오늘까지 우리 중에 있도다. [30]그는 선지
자라. 하나님이 이미 맹세하사 그 자손 중에서 한 사람을 그 위
에 앉게 하리라 하심을 알고 [31]미리 보는 고로 그리스도의 부활
하심을 말하되 '저가 음부에 버림이 되지 않고 육신이 썩음을
당하지 아니하시리라' 하더니 [32]이 예수를 하나님이 살리신지
라. 우리가 다 이 일에 증인이로다. [33]하나님이 오른손으로 예
수를 높이시매 그가 약속하신 성령을 아버지께 받아서 너희 보
고 듣는 이것을 부어 주셨느니라. [34]다윗은 하늘에 올라가지 못
하였으나 친히 말하여 가로되 '주께서 내 주에게 말씀하시기
를 [35]내가 네 원수로 네 발등상 되게 하기까지 너는 내 우편에
앉았으라 하셨도다' 하였으니 [36]그런즉 이스라엘 온 집이 정녕
알지니 너희가 십자가에 못박은 이 예수를 하나님이 주와 그리
스도가 되게 하셨느니라" 하니라.

베드로는 선지서와 시편의 구절을 인용하는데, 이 세 부분의 의
미를 밝히면서 이것을 십자가 및 부활의 역사적 상황과 연결시키
고 있습니다. 베드로는 우선 요엘 2장 28-32절을 인용하면서(17-
21절) "지금 우리가 이렇게 방언으로 하나님의 큰 일을 말하는 것
은 술에 취했기 때문이 아닙니다. 이것은 하나님의 성령께서 하

시는 바입니다"라는 식으로 의미를 전달합니다.

그런 다음, 예수 그리스도의 십자가와 부활을 소개합니다(22-24절). 특히 시편 16편 8-11절을 인용하여(25-28절) 예수 그리스도의 부활에 대한 성경적 증거를 제시합니다. 다윗이 생명의 소망을 노래한 그 시는 결코 다윗 자신에 대한 것이 아니고, 실상은 예수 그리스도의 부활을 예언한 것이라고 주장합니다. 왜냐하면 시편 저자인 다윗은 이미 사망하여 그 무덤이 그들 가운데 있기 때문이라는 것입니다(29절). 오히려 다윗이 예언한 그 예수께서 부활하시고 구약부터 약속된 성령님을 성부 하나님께로부터 받아서 부으셨기 때문에, 바로 당일의 초자연적 현상이 일어났다는 것입니다.

베드로는 다시 시편 110편 1절을 인용하여(34-35절) 예수께서 승천하신 사실을 밝힙니다. 시편 110편 1절의 증언에 따라 예수께서 하나님 우편에 앉아 계신 것이 참이라면, 이것은 이미 그리스도께서 승천하신 사실을 전제하기 때문이라는 것입니다.

좋은 설교는 이렇듯 본문을 옳게 소개하는 것뿐만 아니라 본문의 의미를 명확하게 밝히는 것, 그리고 그 본문 내용을 청중의 상황과 연결시키는 작업을 포함합니다. 따라서 설교에서는 항시 성경의 본문이 설교 내용의 근본이 되어야 합니다. 물론 설교 시간에 정치에 관한 사항을 절대 다룰 수 없다든지, 세상 돌아가는 이야기를 하면 안 된다든지 하는 것은 아니지만, 그런 내용들은 본문의 해석이나 적용과 연관이 되어야만 비로소 그 의미가 살아납니다.

요즘 성경 강해라는 말이 보편화되어 있습니다. 이는 영어로

'exposition'인데, 여기서, 'ex'는 '바깥으로'라는 뜻이고 'posit'은 '놓다'라는 뜻입니다. 즉, 성경을 강해하는 것은 성경의 내용을 밖으로 꺼내어 사람들 앞에 놓는 것, 다시 말하자면 성경의 의미를 명백히 밝혀서 청중에게 진리의 말씀으로 제시하는 것입니다. 그런데 우리가 종종 목격하는 바는, 설교자 편에서 성경 본문에 있지도 않은 주장이나 생각을 주입해 넣으면서 마치 그것이 진리인 것처럼 과장하는 일입니다. 이것은 'ex-posit-ion'의 반대인 'eis-posit-ion'으로서 **억해**(抑解)라고 번역할 수 있습니다. 따라서 성경 본문의 말씀을 잘 풀어서 그 원래의 의미를 밝히는 올바른 주석 작업이야말로 좋은 설교의 중요한 특징이라고 할 수 있습니다.

그리스도께 초점을 맞춘 설교

좋은 설교가 지녀야 하는 또 한 가지 특징으로서 오늘 베드로의 설교에 밝히 드러나는 사항은, 설교 내용 가운데 그리스도에 대한 소개가 있고, 모든 초점이 그리스도에게 맞춰져 있다는 점입니다. 본문을 살펴보면 곧 알 수 있듯이, 베드로의 성경 해설이 지향하는 최종 목표는 예수 그리스도입니다.

베드로의 예수님 증거는 두 가지 각도에서 이루어집니다. 첫째, 객관적 성격의 증거입니다. 그는 먼저 예수 그리스도의 공생애 사역을 묘사하는데(22절), 그 사역이 권능·기사·표적으로 가득했음을 시사합니다. 그리고 나서 "하나님의 정하신 뜻과 미리 아신 대로 내어 준 바 된"(23절 상) 그리스도의 십자가 사건을 언급합니다. 이어서 그는 "하나님께서 사망의 고통을 풀어 살리셨으니 이는 그가 사망에게 매여 있을 수 없었음이라"(24절)라고 함으로써 그리스도 부활의 당위성을 설명합니다.

베드로의 객관적 증거는 여기서 끝나지 않습니다. 33절 상반에 보면 "하나님이 오른손으로 예수를 높이셨다"라고 함으로써, 예수 그리스도의 승천을 언급하고 있습니다. 또 33절 하반에는 성령의 강림 또한 그리스도의 사역임을 밝히고 있습니다.

둘째, 베드로는 그리스도에 대해 주관적 성격의 증거를 베풀고 있습니다. 주관적 성격의 증거란 예수 그리스도께서 하신(혹은 겪으신) 바가 어떤 식으로든 당시의 유대인들과 연결되는 형태의 증거를 말합니다. 베드로의 설교에는 이에 대한 두 가지 사항이 나타납니다. 우선, 예수께서 성령 강림의 매개자가 되셔서 "너희 보고 듣는 이것—강한 바람(2절), 불의 혀(3절), 방언(4절)—을 부어 주셨다"(33절 하)는 사실입니다. 또 예수께서는 지금 설교를 듣고 있는 유대인에 의해 십자가형을 당했다—"너희가 …… 못박아 죽였다"(23절 하)—는 사실입니다. 베드로는 설교의 끝부분에서 "너희가 이 예수를 십자가에 못박았다"(36절)라고 다시 한 번 강조합니다.

위에서 살펴본 바와 같이 베드로의 설교는 이토록 철두철미 예수님에 대한 것이었습니다. 물론 모든 설교가 항시 예수 그리스도를 명시적으로 가리킬 필요는 없습니다. 그러나 모든 설교는 궁극적으로 그리스도를 지향하는 것이어야 합니다. 왜냐하면 그리스도가 정점에 없는 설교는 종종 도덕적인 훈계에 그치거나 공동체의 집단 이기적인 유익을 강조하는 논조로 흐를 수 있기 때문입니다. 물론 그리스도인에게 윤리가 필요 없다는 것은 아닙니다. 하지만 기독교의 윤리는 그리스도가 중심에 계셔야 의미가 있는, 독특한 윤리입니다. 이러한 핵심을 잃지 않기 위해서 설교의 중심에는 항시 그리스도가 계셔야 하는 것입니다.

결단을 내리게 하는 설교

마지막으로, 좋은 설교는 듣는 사람이 모종의 결단을 내리도록 해야 합니다. 이것이 설교와 강연의 근본적인 차이점 가운데 하나일 것입니다. 물론 강연도 충분히 유익할 수 있습니다. 그러나 설교는 강연과 달리 결단이나 헌신, 또는 삶의 변화 등의 실존적 반응을 유도하는 특징이 있습니다. 사도행전 2장 37절에는 이러한 실존적 반응이 잘 나타나 있습니다.

> 저희가 이 말을 듣고 마음에 찔려 베드로와 다른 사도들에게
> 물어 가로되 "형제들아, 우리가 어찌할꼬" 하거늘.

베드로의 설교를 들은 유대인들은 마음에 찔림을 받았고 어떻게 하면 좋을지(37절) 도움을 요청하기까지 했습니다. 이것은 그들이 참 메시아요 구세주이신 예수 그리스도를 십자가에 못박았다는 베드로의 도전(36절) 때문이었습니다.

물론 설교에 의한 실존적 반응이 37절에서처럼 항상 명시적일 필요는 없습니다. 그러나 설교를 들은 사람의 마음속에는 언제든지 설교로 인한 모종의 동요가 있어야 합니다. 물론 이를 위해서는 처음부터 설교자와 청중 사이에 마음의 교감이 있어야 할 것입니다. 일반적으로는 설교가 마치 일방 소통(dead-end communication)인

양 간주되고 있지만, 실상은 그렇지 않습니다. 설교는 쌍방 소통 (two-way communication)으로서, 설교자는 설교를 하면서 청중이 던지는 무언의 반응을 느낄 수 있습니다. 실상 설교자는 이러한 반응을 통해서 청중이 설교를 어떻게 받아들이는지 가늠하는 것입니다.

베드로의 설교를 살펴볼 때, 우리는 베드로도 이 반응을 느꼈음을 알 수 있습니다. 이는 무엇보다도 베드로가 사용하는 호칭의 변화에서 엿볼 수 있습니다. 베드로가 청중을 부르는 호칭이 객관적이고 피상적인 것에서 주관적이고 친밀한 것으로 변하였습니다. 처음 베드로가 청중을 부를 때는 "유대인들과 예루살렘에 사는 모든 사람들"(14절)이라고 합니다. 이는 청중의 지리 · 언어적인 이질성을 반영한 공식적인 호칭입니다. 그런데 22절에서는 "이스라엘 사람들"이라고 부릅니다. 이는 '언약 백성'으로서의 그룹 단위적 정체성(group identity)을 수립하는 호칭입니다. 그리고 37절에 보면, 결국 그들을 "형제들아"라고 부릅니다. 이는 유대인들이 가장 가까운 상호 관계를 표명할 때 사용하는 호칭으로서, 베드로와 모여 있는 무리 사이에 깊은 교감이 이루어지고 친밀성 또한 한껏 상승했음을 보여 주는 것입니다. 이렇듯 좋은 설교는 설교자가 자신의 설교를 듣는 사람과의 교감 속에서 그들이 모종의 결단을 내리도록 돕는 것입니다.

어떤 설교자는 훌륭한 설교에 나타나는 이상의 네 가지 특징을 머리글자(頭文字)를 따서 ABCD로 표현했습니다. 즉, 'Arresting' (주목을 끄는 설교), 'Biblical' (성경적인 설교), 'Christo-centric' (그리스도 중심의 설교), 'Demanding'(결단을 촉구하는 설교)이 바로 그것입니다. 설교가 이러한 네 가지 특징을 가질 때에야 비로소 예배에서 감당해야 할 중요한 역할을 흠 없이 수행하게 될 것입니다.

예배를 위한 설교

설교가 이토록 중요하지만, 그렇다고 하여 설교 자체만 가지고 반드시 훌륭한 예배가 성립되는 것은 아닙니다. 예배의 핵심은 1장에서 살펴보았듯이 하나님을 신령과 진리로 예배함에 있습니다. "하나님 아버지! 제가 당신을 섬기기 원합니다" "주님이시여! 당신 앞에 꿇어 엎드려 당신만을 경배합니다" 등의 고백과 헌신을 유발하지 않는 설교라면 사실상 예배를 위한 것이 아닙니다.

그러면 어떻게 하면 설교가 신령과 진리의 예배를 촉발할 수 있을까요? 목회자의 입장과 회중의 입장으로 나누어 설명하겠습니다.

목회자의 입장

목회자는 먼저 상기한 대로 ABCD의 특질을 갖춘 훌륭한 설교를 준비해야 합니다. 목회자가 올바른 설교를 준비하지 않으면, 자신에 대해서나 회중에 대해서나 참된 예배를 구현할 수 없기 때문입니다. 그러나 좋은 설교만 **준비**했다고 하여 참 예배가 보장되는 것은 아닙니다. 특히 목회자들은 설교를 전달하면서 회중의 반응에 번번이 신경을 쓰기 때문에, 설교를 하는 자신은 정작 신령과 진리로 하나님을 예배하지 못하는 수가 너무나 많습니다.

따라서 설교자는 청중에게 초점을 맞추되 궁극적으로는 신령과 진리로 하나님을 올려다보며 설교에 임해야 합니다. 물론 이것은 쉽지 않은 신앙 훈련입니다. 그러나 참 예배를 위해서는, 어차피 설교자로서 극복하지 않으면 안 될 장애물입니다.

회중의 입장

신령과 진리로 예배하는 것은 설교를 듣는 사람에게도 똑같이 적용됩니다. 우리는 하나님을 예배해야 합니다. 따라서 단순히 설교를 듣는 데서 끝이 나는 것이 아니라, 선포되는 설교의 메시지를 통하여 지속적으로 하나님을 예배해야 합니다. 설교조차도 신령과 진리의 하나님을 예배하기 위한 수단임을 잊어서는 안 될 것입니다.

만일 당일의 메시지가 하나님의 성품에 관한 것이라면 설교를 통해서 신령과 진리로 하나님을 예배하는 일이 비교적 쉬울 것입니다. 하지만 설교 내용이 하나님의 성품과 직접 연관되지 않는다 하더라도, 우리는 신령과 진리의 예배 정신 가운데 계속해서 주님을 올려다보아야 합니다. 가령, 우리가 형제 사랑이나 세상 속의 삶에 대한 설교를 듣는다고 합시다. 그때 우리는 "주님, 저의 몸을 당신께 바칩니다. 당신의 뜻이 이루어지기를 바랍니다. 형제를 사랑하는 데에, 세상에서 삶을 사는 데에 저를 산 제사로 드립니다" 하는 마음으로 얼마든지 주님을 경배할 수 있습니다. 따라서 설교 내용이 하나님의 성품과 직접적으로 관련이 있든 없든 간에, 우리는 항상 설교를 통해서 하나님을 예배해야겠다는 마음가짐으로 설교에 임해야 합니다.

설교를 하는 사람에게나 설교를 듣는 사람에게나 설교의 목적은 하나님을 경배하고 예배하는 것입니다. 이것이 궁극적으로 설교가 목표하고 지향하는 바입니다. 설교를 열심히 전달하고(목회자 입장), 그것을 경건히 감상하는 것(청중 입장)이 예배의 핵심이 될 수는 없습니다. 설교를 강조하는 일이 매우 중요하지만, 만일 설교가 신령과 진리의 예배를 촉발하는 목적을 이루지 못한다면, 그것 또한 영적 비극이 되고 말 것입니다.

설교는 우리가 하나님께 더 가까이 나아가고, 그분을 더 높이고, 더욱 참되이 그분을 예배하게 하는 수단이 되어야 합니다. 설교자나 설교를 듣는 회중이나 모두 설교를 통해서 '신령과 진리'로 하나님을 참되이 예배할 수 있도록 끊임없이 힘써야 할 것입니다.

1. 말씀에는 크게 두 가지, 즉 성경 봉독과 설교가 포함됩니다. 각각의 의미를 생각해 보고 교회 공동체 안에서 어떻게 진행되고 있는지 살펴봅시다.

2. 좋은 설교란 어떤 설교라고 생각하십니까? 성경에서 벗어난 설교, 그리스도와 전혀 상관없는 설교임에도 불구하고, 단지 듣는 이의 유익과 평안을 독려하는 설교라서 좋아하고 있지는 않습니까? 하나님을 신령과 진리로 예배하도록 하는 데 유익한 설교가 되기 위해서 갖추어야 할 네 가지 특징을 나열해 보십시오. 그리고 당신이 좋아하는 설교가 그러한 특징을 갖추고 있는지 생각해 보십시오.

3. 설교의 목적은 하나님을 예배하는 것입니다. 설교를 통해 진정으로 하나님을 예배하고 있습니까? 그렇지 못하다면, 그 이유는 무엇입니까?

3
P_{rayer}

기도

향기로운 제물

시편 67:1-7

1 하나님은 우리를 긍휼히 여기사 복을 주시고 그 얼굴빛으로 우리에게 비취사
(셀라)
2 주의 도를 땅 위에, 주의 구원을 만방 중에 알리소서.
3 하나님이여! 민족들로 주를 찬송케 하시며 모든 민족으로 주를 찬송케
하소서.
4 열방은 기쁘고 즐겁게 노래할지니 주는 민족들을 공평히 판단하시며 땅 위에
열방을 치리하실 것임이니이다 (셀라).
5 하나님이여! 민족들로 주를 찬송케 하시며 모든 민족으로 주를 찬송케
하소서.
6 땅이 그 소산을 내었도다. 하나님 곧 우리 하나님이 우리에게 복을
주시리로다.
7 하나님이 우리에게 복을 주시리니 땅의 모든 끝이 하나님을 경외하리로다.

기도가 예배의 본 요소라는 사실에는 누구나 공감할 것입니다. 예배 순서 가운데 어떤 것—이를테면 광고 또는 교회 소식과 같은—은 예배의 본질과 연관없는 것 같은데, 기도는 그렇지 않습니다. 기도만큼은 어떤 그리스도인도 예배 정신과 매우 합치가 잘되는 순서임을 부인하지 못할 것입니다. 물론 예배의 본질과 연관되지 않은 듯한 순서도 참된 예배 정신과 연관되도록 노력해야 합니다.

이렇게 예배 순서에서 중요한 위치를 차지하는 '기도'는 우리의 예배 가운데 적어도 세 번 등장합니다. 이것은 멀리서 찾을 필요도 없이, 우리가 드리는 예배 순서를 살펴보면 그대로 나타납니다. 예배를 시작할 때 드리는 묵도, 중간에 드리는 대표기도, 그리고 설교가 끝난 후에 설교자가 주도하는 마무리기도.

3장에서는 이 세 가지 기도 가운데 주로 대표기도에 대해서 이야기하고자 합니다. 한국 교회 예배에서 대표기도가 차지하는 비중이 꽤 크기 때문입니다. 따라서 대표기도자가 미리부터 알고 있어야 할 바를 설명하고자 합니다.

대표기도의 형식상 면모들

대표기도라는 용어 자체는 성경 어디에서도 찾아볼 수 없습니다. 이것은 한국 교회가 관습상 사용하는 용어인데, 어떤 한 사람이 회중을 대표해서 기도함으로써 예배하는 자들의 심령을 하나로 묶어 하나님께 올려 드리는 것을 의미합니다. 이때 대표기도자는 한 개인으로서가 아니라 회중 전체의 대표로서 하나님께 기도를 드리는 것입니다. 대표기도를 이같이 정의할 때, 그 목적 또한 명약관화하게 드러납니다. 즉, 공동체가 하나님 앞에 함께 나아가 그의 왕 되심을 인정하고 그의 이름을 높이며 공동체의 필요를 아뢰는 것이 바로 그 목적입니다.

대표기도, 누가 할 것인가?

대표기도의 방식과 내용에 대해 명확히 정리된 바는 그 어디에도 없습니다. 그러나 필요한 경우 여러 가지 신앙 전통과 역사 등을 살펴봄으로써, 그 방식과 내용에 대해 어느 정도 통찰력을 얻을 수 있을 것입니다.

대표기도에서 가장 기본이 되는 것은 한 사람이 교인 전체를 대표하여 기도한다는 데 있습니다. 이때 누가 교인을 대표할 것인가 하는 문제에 대한 답은, 교회의 전통에 따라서 여러 모로 차이를 보입니다. 서양의 교회들의 경우에는 주로 목회자가 대표기도를 합니다. 이를 따로 '목회기도'(pastoral prayer)라고 부르는데, 이때 목회자는 개인으로서가 아니라 교인들의 대표로서 기도에 임하게 됩니다. 목회자는 심방이나 여타 목회 활동 중에 기도의 필요성을 느낀 항목을 적어 둠으로써, 혹은 예배 도중 교우들에게 기도 제목을 제시하도록 격려함으로써 기도할 내용을 정하기도 합니다.

일반적으로 한국 교회에서는 장로들(장로 제도를 채택하지 않은 침례교 같은 경우는 집사들)이 돌아가면서 기도를 합니다. 그러나 교인의 수효가 적고 아직 조직화되지 않은 교회에서는 일반 교우들이 돌아가면서 기도를 하게 됩니다. 이것은 가정 교회를 지향하는 작은 공동체에서도 마찬가지입니다. 물론 이러한 민주주의적(?) 방식에는 다음과 같은 약점이 있습니다. 신앙의 연륜이 짧은 사람에게 대표기도를 맡길 경우 심리적으로 부담을 느낀다는 점, 경험이 적은 사람이 교인들을 대표해 기도할 때 대표기도의 취지와 목적을 살리기가 쉽지 않다는 점, 그리고 대교회의 기도 순서 담당자에 비해 책임 의식이 상대적으로 약하고 순서 담당자가 자기 의무를 성실히 이행하지 않는 수가 더러 있다는 점 등입니다.

그러나 이러한 기도 방식이 갖는 장점 또한 간과할 수 없습니다. 첫째, 일반 교우들을 대표기도에 참여하도록 하는 것은 교회의 모든 구성원들에게 신앙적 훈련의 기회를 베푼다는 유익이 있습니다. 교인들이 예배 순서를 담당하는 경험 없이 허구한 날 그저 예배 참석만을 종용받는 경우에는 예배 전체를 꿰뚫어 보는 안목이나 공동체 전체를 생각하는 시각이 결여되기 쉽습니다. 반대로 교우들이 대표기도 등 어떤 순서를 담당하면서 예배에 임할 때, 예배를 공동체 전체의 관점에서 파악할 수 있는 통찰력이 형성됩니다. 둘째, 교회 구성원 각 사람에게 대표기도 순서를 맡도록 의무화하면, 일반 교우들이 공적 예배에 능동적으로 참여하게 됩니다. 예배의 모든 순서에 평신도들의 참여가 적극적으로 이루어지지 않는다면, 그들의 자세는 대단히 수동적일 수밖에 없습니다. 실제로 교회에서 행하는 많은 예배들에서 대다수 교인들이 그저 방관자적 자세로 회중석만 차지하고 있는 것을 보게 됩니다. 대표기도를 일반 교우에게 맡기는 것은 예배에 대한 능동적 참여를 유도한다는 점에서도 매우 의미심장한 일입니다.

이러한 장점 때문에, 앞서 지적한 약점에도 불구하고 가정 교회나 소교회 들에서는 일반 교우들이 돌아가며 대표기도를 담당하고 있습니다. 작은 신앙 공동체들은, 한국 교회의 일반적 방식—적은 비율의 직분자들만이 배타적으로 대표기도 순서를 담당하는 것—보다 일반 교우들이 폭넓게 참여하는 방식이 더 우월하다고 믿습니다. 단지 그들이 신경 쓰는 바는, 일반 교우들이 돌아가며 대표기도 순서를 맡을 때 수반되는 약점들의 보완 문제입니다. 그리하여 그들은 대표기도 순서를 담당하는 교우들의 책임 의식을 일깨운다든지, 대표기도를 할 교우에게 대표기도의 취지와 목적을 설명하는 안내문을 소개한다든지 함으로써 개선과 보완을 꾀합니다.

대표기도, 어떻게 준비할까?

대표기도의 내용을 준비하는 방식에도 여러 패턴이 가능합니다. 첫째, 예배 의식서에 수록된 기도문에 따라 기도를 할 수 있습니다. 이것은 전형적으로 로마 가톨릭 교회나 성공회의 예배 형식에서 채택하는 방식입니다. 이들의 대표기도는 기도문의 내용을 읽음으로써 이루어집니다. 그런데 이러한 방식의 경우, 기도에 전혀 새로움이 없을 뿐 아니라 대표기도자의 게으름을 조장하고 형식에 얽매이도록 만들기가 쉽기 때문에, 종교개혁자들은 일반적으로 기도서 사용을 반대했습니다.

그러나 기도서 사용을 반대한다고 해서 좋은 기도문의 불필요성과 무용성을 지지한다는 말은 아닙니다. 평소에 모아 둔 기도문의 내용이 하나님을 신령과 진리로 예배하는 데 자극이 된다면, 그러한 기도문은 사용하는 것이 바람직합니다. 다시 말해서, 판에 박은 듯한 기도서의 사용은 바람직하지 않으나 적절한 내용의 기도문이 있어서 이를 사용하는 것은 아무런 문제가 되지 않으며, 오히려 대표기도를 아뢰는 훌륭한 방법 가운데 하나입니다.

둘째, 기도할 내용을 써서 그것을 바탕으로 기도하는 방식이 있습니다. 우리가 가지고 있는 통념과는 달리 이것은 매우 바람직한 기도 방식입니다. 물론 자신이 쓴 기도문이 올바른 대표기도로서 그 역할을 수행하려면, 기도문을 미리 준비해야 하고 그 기도문의 내용을 진심으로 기도할 수 있어야 합니다.

내용을 써서 기도하고자 할 때는, 우선 자신이 쓴 기도문의 내용을 사전에 여러 번 읽어서 외울 정도가 되는 것이 바람직합니다. 대표기도자의 기도 행위와 기도 내용이 따로 놀지 않고 기도의 흐름을 자연스럽게 유지하기 위해서는 이런 훈련이 필수적입니다. 이것은 설교를 준비하는 과정에서 설교자에게 요구되는 바와 비슷합니다. 설교자가 설교를 준비할 때 설교 내용을 논리적으로 구성하는 것도 물론 중요하지만, 실제 설교 시에 듣는 사람과 대화하듯이 자연스럽게 설교하기 위해서는 그 내용을 여러 번 반복해 읽어서 거의 외울 정도가 되도록 하는 것도 중요합니다. 만약 이것이 선행되지 않으면, 설교는 마치 원고를 읽는 것처럼 부자연스럽게 진행될 것입니다. 마찬가지로 대표기도를 하는 사람이 기도문의 내용을 숙지하지 않아 자연스러운 기도로 표현할 수 없다면, 그것은 예배의 부드러운 진행을 방해하는 셈이 됩니다.

또 한 가지 주의할 사항은, 기도문이 기록된 종이를 다룰 때 불필요한 잡음이 생기지 않도록 조심해야 한다는 것입니다. 기도하면서 기도문을 만지작거린다든지 넘기면서 바스락거리는 소리를 낸다든지 하는 것은 바람직하지 않습니다. 또 기도를 끝내고 내려가면서 종이를 치우는 소리 혹은 종이를 구기는 소리를 유난히 크게 낸다든지 하는 일도 없어야 합니다. 어떤 경우에는 이러한 소리가 모든 성도들의 마음을 민망하게 만들어서 하나님을 향해 집중하여 기도하는 데 방해가 되기도 합니다.

셋째, '즉흥적인 기도'(spontaneous prayer) 방식을 택함으로써 대표기도에 임할 수도 있습니다. '즉석(卽席) 기도'라고도 하는데, 이것은 기도하는 이가 기도문을 따로 쓰는 식의 사전 준비에 의존하지 않고 즉각적으로 기도하는 형태로서, 한국 교회에서 가장 많이 발견되는 기도 양태입니다. 한국 교회에서는 즉석 기도를 잘하는 정도에 비추어 흔히 그 당사자의 '믿음'이나 '열정' 혹은 '영성'의 정도를 측정하곤 합니다. 즉석 기도의 경우, 형식적으로 흐를 염려가 상대적으로 적고 자신의 심경을 즉각적으로 아뢸 수 있다는 장점이 있습니다. 그러나 까딱 잘못하면 기도의 내용이 피상적이 되고 한술 더 떠 산만하게 표현될 수도 있기 때문에, 즉석 기도 형식을 취한다 하더라도 무엇을 하나님께 아뢸지 마음속으로 정리한 후 대표기도에 임해야 할 것입니다.

대표기도 시 유의점

대표기도를 할 때는 어떤 언어를 사용할지, 시간은 어느 정도가 적당한지 염두에 두어야 합니다.

대표기도를 할 때 사용하는 언어는 당연히 존칭이어야 합니다. 우리 문화에서는 신분이 높은 분께 아뢸 때 존칭을 사용하는 것이 자연스럽기도 하고 마땅한 일이기도 하기 때문입니다. 동시에 대표기도는 많은 사람들이 쉽게 알아들을 수 있어야 하므로, 명료하고 쉬운, 일상적인 어휘와 표현을 사용하는 것이 바람직합니다. 또 너무 긴 문장은 종종 그 의미가 불분명해지기 때문에 가능한 한 삼가고, 대신 짧은 문장을 사용하는 것이 좋습니다.

대표기도의 소요 시간 역시 간과할 수 없는 중요한 사항입니다. 기도 시간은 너무 짧아도 안 되고 너무 길어도 좋지 않습니다. 특히, 긴 기도는 여러 가지 바람직하지 않은 결과를 초래할 수 있으므로 더욱 조심해야 합니다. 긴 기도를 할 경우, 기도가 사적인 내용으로 흐르기 쉽고, 더구나 자기 과시의 수단으로 사용될 수 있기 때문에 한층 더 위험합니다. 또 기도가 지루해져서 교우들과의 심령적 교감과 호응이 떨어질 수도 있습니다. 그러므로 제게

양자택일의 상황이 허용된다면 저는 긴 기도보다는 차라리 짧은 기도를 택하겠습니다. 하지만 기도가 너무 짧아서도 안 될 것입니다. 딱 잘라서 정하기에 다소 무리가 있지만, 약 3분 정도가 대표기도를 하는 적당한 시간이 아닐까 생각합니다.

대표기도의 내용

지금까지는 주로 대표기도의 형식에 대해서 살펴보았습니다. 물론 기도의 형식도 중요하지만, 더 근본적인 중요성은 그 내용에 있습니다. 따라서 이제부터는 바람직한 대표기도의 내용에 대해 살펴보겠습니다.

대표기도, 다른 기도와 다르다

대표기도의 내용을 구성할 때 우리는 두 가지 사항에 유념해야 합니다. 첫째, 대표기도가 개인기도와는 차이가 있다는 사실을 염두에 두어야 합니다. 대표기도는 일차적으로 공동체를 대표하여 드리는 것이기 때문에, 우리는 공동체에 대한, 그리고 공동체적 시각에 입각한 기도 내용을 아뢰어야 합니다. 그렇다고 해서 대표기도 가운데 개인적인 내용을 담아서는 안 된다는 말은 아닙니다. 그러나 그 개인적인 내용도 신앙 공동체 구성원 전체에게 공통적으로 해당되는 사항인 것이 좋습니다. 예를 들어, 자녀 양육의 문제나 신앙적 성숙에 대한 기도는, 개인적인 내용인 동시에 공동체 구성원들 모두에게 해당되는 사항이기 때문에 대표기도 시에도 얼마든지 언급할 수 있는 내용입니다.

둘째, 예배의 특성을 잘 고려해야 합니다. 예를 들어 부활절 예배나 세례식, 신년 예배 등 특별한 계기가 있는 예배의 경우에는 그 맥락에 합당한 내용으로 기도하는 것이 좋습니다. 물론 특별한 계기가 없을 때에는 다른 일반 예배 때와 하등 차이 없이 대표기도에 임하면 될 것입니다.

대표기도 내용, 알차게 구성하는 법

대표기도의 내용을 구성하는 방법에는 크게 세 가지가 있습니다. 그 중에 가장 무리가 없는 일반적 방법은 기도의 네 요소(ACTS)에 의거한 내용 전개일 것입니다.

사도행전의 영어 약자인 'ACTS'에서 'A'는 'adoration', 즉 '찬양과 사모'를 말합니다. 이는 하나님의 영화로우심과 완전성, 창조주와 구세주로서의 능력에 대해서 찬양하는 것입니다. 대체로 한국의 그리스도인들은 기도의 이런 요소—하나님을 사모하고 애정을 표시함—에 대해 별로 아는 바가 없고, 이런 내용을 표현하는 일에는 더욱더 어색해합니다. 이러한 피상적 지식과 낯선 느낌을 극복하는 한 가지 길로서 시편 암송을 권유합니다(시 27, 47, 95, 100, 136, 145편 등). 시편을 반복해 읽고 뜻을 되새기노라면, 하나님을 사모하는 마음과 그에 대한 표현 방식이 기도 가운데 자연스레 형성될 것입니다.

'C'는 'confession', 즉 '사죄와 고백'을 말합니다. 이는 하나님보다 다른 것들을 더 사랑하고 귀하게 여기며 좇았던 일, 하나님의 원하심에 무관심한 채 자기 욕심만을 추구한 일, 또 인생의 대소사에서 하나님의 뜻에 맞지 않게 살았던 일 등을 회개하는 것입니다. 그리고 'T'는 'thanksgiving', 즉 '감사와 고마움의 표시'를 말합니다. 이는 하나님께서 우리를 구원하여 하나님의 식구와 백성이 되게 하신 것, 만물을 창조하고 섭리하시는 가운데 비와 해 등 각종 좋은 것을 풍요롭게 베푸시는 것, 우리의 기도를 들어주시는 것 등에 감사하는 일입니다.

'S'는 'supplication', 즉 '간구와 탄원'을 말합니다. 여기에는 세계에 대해서, 우리나라에 대해서, 한국 교회에 대해서, 또 자신이 속한 교회에 대해서 간구하는 일이 포함됩니다. 이때 너무 사적이고 개인적인 간구 내용은 배제하는 것이 좋습니다. 이렇게 기도의 네 요소에 의거해 내용을 구성하는 것이 대표기도에서 가장 많이 사용되는 자연스러운 방식입니다.

대표기도의 내용을 구성하는 두 번째 방식으로, 주기도문의 구조를 활용하는 것을 추천하고자 합니다. 주기도문은 크게 하나님에 대한 기도 내용과 인간에 대한 기도 내용으로 구성되어 있습니다. 하나님에 대한 부분에는 그의 이름, 그의 나라가 이루어지는 것, 그리고 그 뜻이 이루어지는 것에 대한 내용이 있습니다. 하나님을 찬양하고 높이는 것 등이 이 부분과 연관될 수 있을 것입니다. 인간, 즉 우리에 관한 부분에는 우리의 양식, 인간관계, 그리고 시험과 죄에 대한 내용이 나와 있습니다. 이 부분은 우리가 신앙 현실에서 직면하는 여러 문제와 연관지을 수 있을 것입니다. 이렇게 주기도문의 구조를 골격으로 활용하는 것도 대표기도의 내용을 구성하는 데 큰 도움이 됩니다.

세 번째로, 대표기도의 내용 구성에 활용할 수 있는 또 한 가지 방식은 시편 67편에 나타나 있듯이 기도의 내용을 세 가지 범주로 나누는 방법입니다. 이 말씀에는 기도의 대상을 세 가지 범주로 어떻게 구분하고 있는지 잘 나타나 있습니다.

> ¹하나님은 우리를 긍휼히 여기사 복을 주시고 그 얼굴빛으로 우리에게 비취사 (셀라) ²주의 도를 땅 위에, 주의 구원을 만방 중에 알리소서. ³하나님이여! 민족들로 주를 찬송케 하시며 모든 민족으로 주를 찬송케 하소서. ⁴열방은 기쁘고 즐겁게 노래할지니 주는 민족들을 공평히 판단하시며 땅 위에 열방을 치리하실 것임이니이다 (셀라). ⁵하나님이여! 민족들로 주를 찬송케 하시며 모든 민족으로 주를 찬송케 하소서. ⁶땅이 그 소산을 내었도다. 하나님 곧 우리 하나님이 우리에게 복을 주시리로다. ⁷하나님이 우리에게 복을 주시리니 땅의 모든 끝이 하나님을 경외하리로다. (시 67:1-7)

시편 67편은 1-2절, 3-5절, 그리고 6-7절, 이렇게 세 부분으로 나누어 볼 수 있습니다. 첫째 부분인 1-2절에서 시편기자는 하나님과 우리의 관계에 대해 기도하고 있습니다. 1절에서 그는 "하나님은 우리를 긍휼히 여기사 복을 주시고 그 얼굴빛으로 우리에게 비취사"라고 기도함으로써 언약 가운데 하나님과의 온당한 관계를 유지하고자 하는 소망을 나타냅니다. 여기서 '긍휼' '복' '얼굴빛' 등의 단어는 그 표현 형태가 다르기는 하지만 모두 동일하게 하나님의 호의를 나타내고 있습니다. 2절에서 기자의 이러한 바람은 더욱 확대되어 나타납니다. 그는 "주의 도를 땅 위에, 주의 구원을 만방 중에 알리소서"라고 기도함으로써, 하나님과 하나님의 백성과의 매우 간절하고 친밀한 관계가 이방 백성에게 알려지기를 바라고 있습니다.

3-5절에는 이 기도의 궁극적인 기도 제목이 나타납니다. 그것은 다른 민족들이 이스라엘 백성들과 하나님 사이의 관계를 부러워할 뿐 아니라 그들이 하나님 앞에 나아오기를 바라는 것입니다. 이는 4절에 잘 나타나는데, 시편기자는 이 말씀에서 민족들은 하나님께 찬양을 드리고 하나님은 그들을 공평으로 치리하심으로써 쌍방의 교제를 이루어 깊은 관계가 확립되기를 소원하고 있습니다. 3절과 5절에는 모든 민족이 주를 찬송케 되기를 소원하는 마음이 강조되어 있습니다. 시편기자는 궁극적으로 모든 민족이 주의 통치 아래로 들어오기를 열망하는 것입니다.

6-7절에서는 이 기도를 통해 받은 복의 결과를 설명하고 있습니다. 6절에서 시편기자는 "땅이 그 소산을 내었도다"라고 말하고 있는데, 여기서 '땅'은 이스라엘 백성이 여호수아 밑에서 차지했던 언약의 땅을 의미합니다. 6절의 내용으로 미루어 보건대, 복을 달라고 간원한 1절의 기도에 응답받았음을 알 수 있습니다. 7절 역시 이러한 기도에 대한 응답의 결과임을 보여 주고 있습니다. 시편기자는 여기서 하나님이 이스라엘 백성에게 복 주신 것이 얼마나 특출한지를 통해 만방과 열방과 민족들이 하나님을 경외하게 되기를 대망하고 있습니다.

시편 67편 말씀에서 우리는 기도 내용의 세 가지 범주를 발견하게 됩니다. 즉, 하나님, 우리, 열방·민족·땅 끝이 바로 그것입니다. 우리는 이 세 가지 범주를 기준으로 하여 시편 67편에 나타나는 기도 제목들을 다음과 같이 정리할 수 있습니다. 첫째는 하나님의 범주에 속하는 것으로서, 하나님께서 우리에게 호의를 베푸사 우리가 하나님과 맺은 언약 가운데 건전한 관계를 유지할 수 있기를 바라는 것입니다. 둘째는 우리가 하나님과 누리는 복된 관계를 세상이 부러워하고 흠모하기를 바라는 것입니다. 오늘날 우리의 신앙 공동체와 연관을 짓는다면, 세상 사람들이 동경하고 염원하되 세상 안에서는 찾을 수 없는 독특한 관계를 하나님과 더불어 유지하고 있어야 할 것입니다. 바로 이것을 세상 사람들이 인지하고 동경하도록 하는 것이 이 둘째 기도 제목의 핵심적 사항입니다. 셋째는 세상이 하나님 앞에 나아오기를 바라는 것으로서, 이는 민족과 열방의 범주에 관한 기도입니다.

우리는 대표기도를 할 때, 이러한 기도 내용을 세부 사항에까지 그대로 응용할 수도 있고, 일반적인 기도 내용들을 대략 세 가지 범주로 구분하여 기도할 수도 있을 것입니다. 우선, 하나님의 범주에 대한 기도에서는 하나님을 찬양하고 하나님과 우리의 관계에서 필요한 것을 간구하는 내용의 기도를 할 수 있을 것입니다. 우리에 대한 범주의 기도에서는 한국의 교회 공동체(좁게는 자기가 속한 교회 공동체)를 놓고 하나님께 간구할 수 있을 것입니다. 우리에 관한 기도의 내용을 구성할 때, 앞서 말한 'ACTS'의 네 요소 가운데에서 'CTS'를 활용하는 것도 좋은 방법입니다. 끝으로, 세상의 범주에 대한 기도에서는 우리를 통해서 세상이 영향을 받고, 궁극적으로 하나님 통치 아래에 놓일 수 있도록 기도할 수 있을 것입니다. 이와 같이 하나님, 우리, 세상이라는 세 가지 범주에 의거해서 대표기도의 내용을 구성하면, 기도의 짜임새가 치밀해지기도 하고 내용 또한 알차게 될 것입니다.

지금까지 우리는 대표기도의 형식상 면모와 내용 구성에 대해서 여러 가지로 알아보았습니다. 이제 신령과 진리로 드리는 참된 예배의 정신에 입각해서 몇 가지 사항을 밝히고자 합니다.

그 중 한 가지는 대표기도자의 태도에 대한 것입니다. 대표기도자는 기도할 때 형식을 갖추는 것도 중요하지만 하나님에 대한 진실한 마음이 더 중요하다는 것을 명심해야 합니다. 이것은 대표기도가 단지 사람들에게 보이기 위한 것이 아니기 때문에 더욱 그렇습니다. 대표기도자는 지켜야 할 형식을 갖추면서도 항상 하나님과의 친밀성을 유지해야 합니다.

또 한 가지 짚고 넘어가야 할 점은, 대표기도를 처음 할 때 느끼게 되는 어색함에 대한 것입니다. 앞에서 말한 여러 사항들을 고려하면서 기도를 준비해도, 사실 준비한 대로 되는 경우는 흔치 않습니다. 대표기도를 처음 할 때 경험하는 바, 기도자 자신이 무엇을 기도해야 할지 막막해진다는 것입니다. 이것은 기도 전에 많은 준비를 하고 나가서도 마찬가지입니다. 그러나 이런 어려움은 시행착오를 통해서 점진적으로 극복해 나가야 할 문제입니다. 또 반복과 훈련을 통해서 얼마든지 개선될 수 있습니다.

그러나 대표기도가 공동체적 예배에 올바로 기여하려면, 순서 담당자의 내면적 노력만으로는 충분하지 않습니다. 대표기도를 들으며 예배에 참여하는 다른 교우들의 마음 자세가 매우 중요합니다. 대표기도를 주도하는 입장이 아닌 경우, 자칫 잘못하면 방관, 잡념, 비판 위주로 대표기도에 참여하기가 쉽습니다. 만일 이러한 태도가 교우들의 심령을 지배한다면, 대표기도자가 아무리 하나님 앞에 참되이 기도한들 그 예배는 하나님을 기쁘시게 하지 못할 것입니다. 따라서 대표기도를 주도하지 않는 나머지 교우들도 마치 자기 자신이 그 기도를 아뢰는 것과 같은 심령으로, 마음을 하나님께 온전히 집중하고 신령과 진리의 예배 자세를 늦추지 말아야 합니다. 대표기도자나 나머지 교우들이나 할 것 없이 그들의 하나 된 심령이 한결같이 하나님께 쏠려 있을 때, 대표기도를 통한 공동체적 예배는 하나님께 온전하고 풍성히 드려질 것입니다.

요한계시록 8장 3-4절을 보면 향연(香煙)이 하나님 앞으로 올라간다고 되어 있습니다. 구약 시대에는 하나님께서 짐승의 향기를 흠향하셨지만(창 8:20-21; 출 29:18; 레 1:9), 신약 시대에는 성도들의 기도가 이 향기입니다. 우리는 대표기도를 통해서도 우리의 마음이 하나님께 흠향될 수 있다는 놀라운 사실을 알게 됩니다. 대표기도자의 역할은 예배하는 자를 찾으시는 하나님께 신령과 진리 가운데 모든 성도들의 마음을 묶어서 향기로운 제물로 올려 드리는 것입니다. 물론 대표기도자의 역할을 과대평가할 필요도 없지만, 동시에 그 역할을 가볍게만 취급할 수도 없습니다. 우리는 온 공동체가 드리는 대표기도의 향기를 통해서 신령과 진리로 예배하는 자를 찾으시는 하나님 앞에 나아갈 수 있습니다.

모든 성도가 모든 예배 순서에 신령과 진리로 임해야 하겠지만, 특별히 대표기도자는 자신이 준비한 기도를 통해 모든 성도들의 마음이 하나님께 올려진다는 사실을 인식해야 합니다. 그리하여 신령과 진리의 예배 정신으로써 성도들을 대표할 수 있도록 책임성 있게 기도를 준비해야 할 것입니다.

1. 공적 예배에 포함되어 있는 기도에는 어떤 것들이 있습니까? 각각의 기도는 당신에게 어떤 의미가 있습니까?

2. 대표기도는 어떤 한 사람이 회중을 대표해서 기도함으로써 예배하는 자들의 심령을 하나로 묶어 하나님께 올려 드리는 것을 의미합니다. 이때 대표기도자는 한 개인으로서가 아니라 회중 전체의 대표로서 하나님께 기도드리는 것입니다. 그렇다면 대표기도자는 기도를 어떻게 준비하여 드려야 할까요? 또 그 내용은 어떠해야 할까요? 지금까지의 경험에 비추어서 당신이 대표기도자로서 취해야 할 모습을 정리해 보십시오.

3. 신령과 진리로 예배하기 위해 대표기도자가 유의해야 할 점은 무엇입니까? 함께 기도하는 사람들은 대표기도에 어떻게 임해야 합니까?

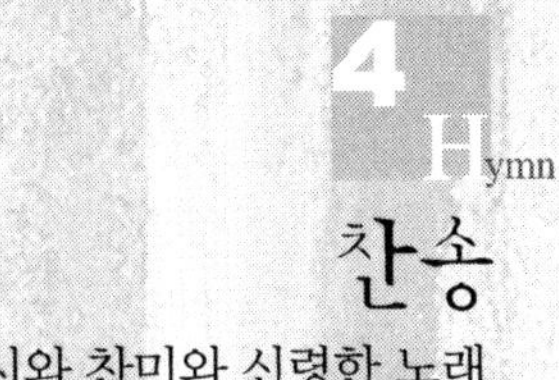

4 Hymn
찬송
시와 찬미와 신령한 노래

19 시와 찬미와 신령한 노래들로 서로 화답하며 너희의 마음으로 주께 노래하며
찬송하며.

‘찬송’(praise)은 하나님을 높이고 사모하고 기리는 마음 자세의 표현이라고 할 수 있습니다. 이러한 마음 자세가 구체화되려면 다양한 외적 표현이 필요한데, 대개 세 가지 방식으로 가능합니다. 첫째, 찬양의 마음을 말로(in words) 표현할 수 있습니다. 이것은 시편 가운데 하나님을 높이는 시들(95, 96, 98, 150편 등)에서 예시되는 바로서, 우리의 기도에 하나님에 대한 사모(adoration)의 요소를 부각시킴으로써도 가능합니다.

둘째, 목소리와 음악으로(in voice/tune) 찬양의 마음을 표현할 수 있습니다(시 47:1; 81:1; 95:1; 사 12:6; 습 3:14; 슥 2:10). 예배 시간에 악기(주로 피아노나 오르간) 반주에 맞추어 찬송가를 부르는 것이 이 방식의 전형적인 예입니다. 셋째, 우리의 동작(in action)으로 표현할 수 있습니다. 주로 구약에 많이 나타나는데, 손을 높이 든다든지(느 8:6; 시 134:2), 손바닥을 친다든지(시 47:1), 춤을

춘다든지(출 15:20; 삼하 6:14; 시 149:3; 150:4) 하는 것이 여기에 속하는 몇 가지 예입니다.

이상에서 소개한 내용이 '찬송'에 대한 넓은 개념이라면, 좁은 개념은 위에서 소개한 두 번째 표현 방식과 관련이 있습니다. 즉, 하나님을 높이고 사모하는 내면의 자세를 음성, 가사, 음률로써 표현하는 것이 바로 좁은 의미의 찬송입니다. 이 장에서는 '좁은 의미의 찬송'(hymn)에 대해 알아보고자 합니다.

음악을 통한 찬송, 왜 필요한가?

그러면 왜 예배 시에 좁은 의미의 찬송, 곧 음악으로 표현하는 찬송이 필요할까요? 네 가지 이유를 제시할 수 있습니다. 첫째, 성경의 명령과 모범 때문에 음악을 통한 찬송이 필요합니다. 성경은 노래로 찬양의 마음을 표현하라고 명하기도 하고(대상 16:9; 시 33:3; 엡 5:19; 골 3:16), 각종 악기를 연주함으로써 표현하라고도 명합니다(시 33:2; 150:3-5). 또 성경에는 노래로써(출 15:21; 대하 29:30), 악기와 더불어(출 15:20; 대하 7:6) 하나님을 찬송한 예가 나옵니다. 이렇듯 성경이 좁은 의미의 찬송을 명하고 모범 또한 보여 주고 있기 때문에, 우리는 음악이 동반된 찬송을 하는 것입니다.

둘째, 찬송가는 곡조 달린 기도로서 기도의 중요한 양식(樣式)이 됩니다. 견실하고 훌륭한 찬송가일수록 성경의 핵심적 가르침을 가사로 하고 있기 때문에 찬송가를 부르는 이의 마음이 성경의 교훈에 깊이 잠기도록 돕고 동시에 교훈을 주시는 하나님 아버지께 향하도록 자극합니다. 구체적인 예로서 다음에 나오는 찬송가 가사를 음미해 보십시오.

> **– 찬송가 188장("만세 반석 열리니") 2절**
> 내가 공을 세우나 은혜 갚지 못하네
> 쉬임 없이 힘쓰고 눈물 근심 많으나
> 구속 못할 죄인을 예수 홀로 속하네
> (Not the labors of my hands, Can fulfill Thy law's demands;
> Could my zeal no respite know, Could my tears forever flow,
> All for sin could not atone, Thou must save, and Thou alone.)

> **– 찬송가 369장("네 맘과 정성을 다하여서") 1절**
> 네 맘과 정성을 다하여서 주 너의 하나님을 사랑하라
> 네 몸을 아끼고 사랑하듯 형제와 이웃을 사랑하라
> 주께서 우리게 명하시니 그 명령 따라서 살아가리

처음 제시한 찬송가의 가사는 '이신칭의'(以信稱義)라는 복음 진리를 너무나 생생히 반영하고 있습니다. 영어 가사를 보면 그 의미가 더욱 확실해집니다. 두 번째 곡은 그리스도인의 생활 원리를 하나님 사랑과 이웃 사랑(마 22:37-40)으로 담아내고 있습니다. 두 찬송가 가사가 보여 주듯이 찬송가는 알찬 내용의 기도가 될 수 있습니다.

셋째, 찬송가는 음악이라는 예술적 기능을 통해 예배자의 심령이 하나님을 올려다보도록 하는 데 지대한 공헌을 합니다. 하나

님을 예배하는 데에 '하나님 지식'(knowledge of God)이 핵심이라는 것은 '신령과 진리'라는 예배 정신을 거듭 강조함으로써 이미 밝힌 바 있습니다. 하나님 지식—하나님을 앎—도 지식의 일종인지라 본질상 인지적 성격이 중요하지만, 그러한 측면을 뛰어넘는 비(非)인지적 요소(extra-cognitive element) 또한 무시할 수 없습니다. 바로 이러한 비인지적 요소를 어떤 이는 신앙적 정서(religious affection)와 연관시키는데, 하나님을 아는 데도 이런 정서가 중요한 부분을 차지한다는 것입니다. 예를 들어, 우리는 찬송가를 부르면서 주님의 사랑에 감복합니다. 우리의 심령이 신앙적 정서로 말미암아 하나님 사랑의 생생함(vividness)과 감명(memorability)을 되새기기 때문입니다. 이처럼 음악은 신앙적 정서의 형성·촉발·전달에 필수불가결한 역할을 하므로 예배 때에도 도외시할 수 없습니다.

넷째, 하나님에 대한 찬송은 모든 수단을 총동원하여 이루어지는 것이 마땅하기 때문에 음악적 수단의 활용 역시 바람직합니다. 우리는 어떤 대상에게 진실한 마음을 표하고자 할 때 가능한 모든 수단을 다 동원합니다. 일례로, 한 남성이 여성에 대한 사랑을 표현할 때 그는 말, 글, 행동 등 모든 수단을 남김없이 동원합니다. 또 어떤 왕의 등극을 축하하는 행사라면 말, 글, 음악, 행동 등 모든 수단을 동원하는 것이 마땅할 것입니다. 하물며 하나님 아버지를 높이고 예배하는 데에 왜 말, 글, 음악, 행동과 같은 모든 가능한 수단들을 동원할 수 없는 것일까요? 오히려 이런 수단을 동원하여 하나님을 찬송하는 것이 자연스럽고 마땅한 일이지 않습니까?

음악의 사용: 반대와 해명

모든 그리스도인이 찬송을 표현하는 데에 음악을 사용하는 일을 당위적으로 받아들이겠다 싶지만, 실상은 그렇지 않습니다. 교회의 과거와 현재를 둘러보면, 비록 소수이기는 하지만 예배에서 음악을 사용하는 것을 반대한 그리스도인들이 있어 왔습니다. 먼저 저는 그들이 음악 사용을 반대한 근거를 설명한 다음, 연이어 해명을 시도하고자 합니다. 교회에서의 음악 사용을 반대하는 이들은 다음 두 종류로 나누어집니다.

배타주의자(psalmody-exclusivists)

'배타주의자'들은 찬송은 오직 시편만이 합당하므로 거기에 곡을 붙인 것만을 찬송으로 받아들여야 한다고 주장합니다. 따라서 이 입장을 견지하는 이들은 예배에 다른 찬송가(hymns)를 도입하는 일을 반대합니다. 그렇다면 그들이 이런 주장을 내세우는 근거는 무엇일까요? 그들의 답변은 간단합니다. 구약을 보면 시(詩)만이 찬송에 사용되었다는 것입니다.

> 히스기야 왕이 귀인들로 더불어 레위 사람을 명하여 다윗과 선견자 아삽의 **시**로 여호와를 찬송하게 하매 저희가 즐거움으로 찬송하고 몸을 굽혀 경배하니라. (대하 29:30)

> 우리가 감사함으로 그 앞에 나아가며 **시**로 그를 향하여 즐거이 부르자. (시 95:2)

그러나 배타주의자들의 답변은 궁색하기 짝이 없습니다. 세 가지 측면에서 그러합니다. 첫째, '시'(대하 29:30; 시 95:2)는 우리가 알고 있는 성경의 '시편'만을 언급한 것이 아니라 좀더 넓은 개념으로서 여타의 신앙적 시가(詩歌)나 곡들도 포함합니다.

둘째, 찬송을 구약의 시편에만 한정시켜야 한다면 같은 논리에 따라 기도도 구약에 나온 기도문만 사용해 드려야 하고, 설교도 성경에 나온 내용만을 그대로 전달해야 할 것입니다. 심지어 구약의 시편에는 예수 그리스도에 관한 직접적인 언급이 없기 때문에, 그들의 논리대로라면 예수 그리스도에 관한 찬송가를 부를 수 없다는 뜻이 될 것입니다. 이러한 시도와 해석이 비합리적이라면, 찬송가를 구약의 시편에만 한정시키려는 것도 비합리적일 것입니다.

셋째, 신약에서는 찬송가의 선택을 폭넓게 시사하고 있기 때문에 배타주의에 동의할 수 없습니다. 에베소서 5장 19절을 보면, 찬송가의 소재를 세 종류—시(psalms), 찬미(hymns), 신령한 노래들(spiritual songs)—로 언급하고 있습니다.

> 시와 찬미와 신령한 노래들로 서로 화답하며 너희의 마음으로
> 주께 노래하며 찬송하며.

처음 항목인 '시'는 구약 시대 악기와 더불어 불렸던 시편들이고, 둘째로 등장하는 '찬미'는 하나님을 찬양하고 높이는 내용의 노래이며, 마지막에 나타나는 '신령한 노래'는 기타 여러 가지 주제의 신앙곡들을 가리킨다고 할 수 있습니다. 따라서 찬송가를 꼭

첫 항목에만 국한시킬 수 없으므로 배타주의는 맞지 않습니다.

물론 저는 구약의 회당에서나 종교개혁 당시 칼뱅을 비롯한 개혁자들이 시편의 찬양에 몰두했던 것을 알고 있고, 그런 전통이 아름답다고도 생각합니다. 그러나 역사가 흐르는 가운데, 꼭 시편에 기초하지 않으면서도 훌륭한 곡들이 많이 작곡되고 불려 왔습니다. 따라서 시편만을 찬송가로 사용해야 한다는 배타적 주장은 지나치다고밖에 할 수 없습니다.

무악기파(voice-exclusivists)

'무악기파'(無樂器派)는 구약 시대와는 달리 신약 시대의 찬송은 악기를 배제해야 한다고 주장하는 이들로서 성가대와 지휘자 및 악기 연주자(반주자 포함)의 등장을 반대합니다. 일반적으로 배타주의자가 무악기파인 것이 사실이지만, 그렇다고 하여 이 두 입장이 모든 경우에 항상 일치하는 것은 아닙니다. 즉, 구약의 시편을 찬송으로 내세우면서도 유악기파(有樂器派)에 속하는 이가 있다는 말입니다.

무악기파의 주장의 근거는 무엇일까요? 그들의 답변 역시 간단합니다. 즉, 신약 시대에 와서는 구약 시대처럼 성전 예배를 드리지 않기 때문에, 예전에 사용되던 각종 악기와 연주자들은 오늘날의 예배 의식과 무관하다는 것입니다. 이 주장에 대해서는 두 가지 반박이 가능합니다. 첫째, 구약식의 성전이 없어졌다고 해서 성전 예배에 관계된 모든 사항을 무차별적으로 배제해야 하는 것은 아닙니다. 제사장 제도, 제물, 제사 방식 등이야 그리스도의 속죄 사역과 긴밀하게 연관된 바로서 결코 재현되어서는 안 되겠지만, 악기 사용조차 그런 그리스도의 속죄와 연관된 범주에 넣을 필요는 없을 것입니다.

둘째, 신약에서 악기 사용을 명시적으로 금하지 않는 한, 음악 사용을 합법적인 활동으로 받아들일 수 있을 것입니다. 물론 이런 식의 추론이 항상 타당한 것은 아닙니다. 그러나 찬송 시 악기를 포함한 음악적 수단을 활용하는 데에 당위성이 제시된 경우('음악을 통한 찬송, 왜 필요한가?' 중에서 셋째 및 넷째 이유)에는, 위의 추론을 타당한 것으로 인정할 수 있을 것입니다. 사실 초대 교회는 소수의 인원이 가정에 모여 예배드렸기 때문에 예배나 찬송을 할 때 음악적 수단을 동원하는 것이 크게 발달하지는 못했을 것입니다. 그러나 오늘날—특히 한국의 경우—은 다릅니다. 따라서 비록 신약에 찬송과 관련한 악기 사용에 관한 언급이 없다 하더라도, 오늘날 우리로서는 악기 사용을 긍정적으로 평가할 수 있는 것입니다.

한국 교회와 음악

이제 예배 때 음악을 사용하는 문제와 관련하여 두 가지 사항을 생각해 보고자 합니다. 이 사안들은 예배 시의 음악 사용과 직·간접으로 연관되기 때문에 반드시 짚고 넘어가야 합니다.

문제 1. 현재의 성가대는 뭔가 잘못되어 있다?

한국 교회를 잘 아는 사람들 가운데 일부는 현행의 성가대 활동과 관련하여 종종 비판적 견해를 감추지 않습니다. 그들의 비판 내용은 상호 연관된 것으로서 보통 네 가지로 정리할 수 있습니다. 첫째, 성가대(와 부속 연주자들)가 일반 합창단이나 오케스트라의 모습을 과도할 정도로 닮아 간다는 것입니다. 이것은 외양은 화려하고 번듯하지만 신앙적 실속과 내면의 경건은 퇴색하는 데 대한 안타까움의 표시입니다. 음악적 전문성이 상당히 중요하기는 하지만, 구성원의 신앙적 자질보다 이것을 앞세울 때 음악 사역의 세속화는 필연적 결과입니다. 이러한 비극적 경향은 교인의 숫자가 많고 예배당 건물이 큰 교회일수록 더욱 심각하게 부각되는 듯합니다.

둘째, 음악 사역에 참여하는 성가대원들과 그에 속한 연주자들의 신앙 형태가 일반 교우들 보기에 바람직하지 않다는 것입니다. 예배 도중에 킥킥대거나 설교 시간에 상습적으로 조는 모습을 보일 때, 교우들은 실망하게 마련입니다. 또 예배 이후의 일상적 삶과 인간관계에서 최소한의 모범조차 되지 않는다면, 음악 관계 사역자들을 표리부동한 사람이나 위선자로 분류하게 마련입니다. 이런 이들이 예배의 음악 순서를 담당하고 있는데, 어찌 교우들이 찬송과 음악을 통해 하나님을 신령과 진리로 예배할 수 있겠습니까?

셋째, 교회의 예산이 음악 사역 관련자들에게 너무 많이 할당되어 있다는 것입니다. 성가대의 회식이나 자체 야유회, 친교 모임 등으로 인한 경비 소요가 적지 않고, 또 그런 일들을 모두 교회 예산으로 충당하기 때문에 일반 교우들은 부당하다는 생각을 하게 되는 것입니다.

넷째, 한국 교회는 음악 관계 사역자들에게 사례비를 지급하는 일을 정례화했기 때문에 봉사 정신을 퇴화시켰다는 것입니다. 모든 교회가 다 그런 것은 아니지만, 어쨌든 성가대 반주자, 지휘자, 특순 담당자 등에게는 월정 사례비를 지급하고 있습니다. 재능이 뛰어나면 지급해야 할 액수도 크고, 심지어 교회끼리 스카우트 경쟁을 벌이기도 합니다. 이리하여 음악 전문가들은 자신의 재능을 통해 하나님과 사람을 값없이 섬기는 아름답고 순수한 기회를 빼앗기고 말았습니다.

이러한 비판에 우리는 어떻게 반응해야 할까요? 세 가지를 언급하고자 합니다. 첫째, 매우 급진적이기는 합니다만, 아예 성가대를 폐지하고 예배에 '회중 찬송'(congregational singing) 순서를 도입하는 길이 있습니다. 회중 찬송은 교우 전체가 주일 예배 시작 20~30분 전에 모여서 함께 찬송을 연습한 뒤 예배 시에 그 배운 곡으로 찬양을 하는 방식입니다. 어떤 이들은 이미 회중 찬양을 예배 때 시행하고 있지 않느냐고 반문할지 모르겠습니다. 이제껏 교우들은 주일 예배 시 으레 2~3곡의 찬송을 불러 왔기 때문입니다. 그러나 제가 제시한 회중 찬송은 그런 것이 아닙니다. 우선, 교우 전체가 예배 전에 미리 새 곡을 배우고 예배 때 그 곡들로 찬송한다는 점이 다릅니다. 또 따로 성가대를 구성하지 않는다는 점 또한 근본적 차이라고 할 수 있습니다.

둘째, 성가대를 존속시키되 음악 사역에 참여하는 이들을 선발하는 과정에서 신앙적 자질을 꼼꼼히 확인하는 것입니다. 단지 구성원의 음악적 재능과 관록만을 선발 조건으로 삼지 말고, 신앙의 전반적 면모—신앙 출발의 계기, 하나님과의 살 깊은 교제, 참예배에 대한 열망, 음악 사역의 목적 이해 등—또한 중요한 점검 사항으로 삼아야 한다는 것입니다.

셋째, 성가대를 포함한 음악 사역자들에게 그들만의 소그룹 활동을 갖도록 독려하고 자리를 마련해 주는 것도 고려해 볼 만합니다. 일반 교우들이 참석하는 교구 모임이나 구역 모임 대신, 음악 사역자들끼리의 소그룹을 구성하고 그 가운데서 영적 성숙을 꾀하도록 하는 것입니다. 이런 모임은 전체 성가대 모임 전에 소그룹 별로 모일 수도 있고, 음악 연습과는 별도의 시간에 모일 수도 있습니다. 큐티 나눔(아니면 성경 공부), 서로를 위한 기도, 사역 점검(음악 사역을 통한 예배 정신의 앙양) 등을 주요 프로그램으로 추천합니다. 만일 시간 관계상 소그룹의 항시적 활동이 어려우면, 1기당 7~8주의 프로그램을 마련하고 1년에 2기 정도 모이는 방안도 생각할 수 있습니다.

문제 2. 우리가 부를 찬송은 따로 있다?

찬송가

오늘날 우리가 예배에서 사용하는 찬송가의 대부분은 외국 것—서양 그리스도인이 작곡·작사했든지 아니면 그 기원이 서양이든지—입니다. 찬송가에 수록된 558곡 중에서 16곡만이 한국인의 작품이니까, 3퍼센트가 채 안 되는 셈입니다. 이것은 신앙의 토착화라는 관점에서 볼 때 매우 안타까운 실정이며, 앞으로 한국인에 의한 찬송가 창작이 매우 절실함을 단적으로 보여 줍니다.

하지만 찬송가 가운데 상당히 많은 곡들이 우리와 이미 친숙하고, 또 예배 때 그런 곡을 활용하는 것에 우리는 거의 아무런 불편도 느끼지 않고 있습니다. 그러나 외국인의 작품으로 찬양할 때 몇 가지 문제점이 있는데, 가장 큰 문제는 가사의 의미 전달이 원활하지 않다는 점입니다. 잘 알다시피 찬송가 가사는 박자와 리듬을 고려해야 하기 때문에, 번역 과정에서 어휘의 선택이 자유롭지 못합니다. 따라서 대부분의 외국 곡들은 원래의 가사가 지닌 섬세하고 미묘한 의미가 무시된 채 다른 희미한 내용으로 불리고 있습니다. 이것은 우리의 신앙 인식과 종교적 정서를 무디게 만들고, 하나님을 신령과 진리로 예배하는 데 방해가 됩니다. 찬송가 67장("영혼의 햇빛 예수여"), 188장("만세 반석 열리니"), 405장("나 같은 죄인 살리신"), 533장("내 맘의 주여 소망 되소서") 등을 영어 가사와 비교해 보면 이 말의 의미를 분명히 알 수 있는데, 여기에서는 찬송가 67장의 경우를 예로 들어 보겠습니다.

─찬송가 67장 "영혼의 햇빛 예수여"

1. 영혼의 햇빛 예수여
   가까이 비춰 주시고
   이 세상 구름 일어나
   가리지 않게 하소서

   Sun of my soul, Thou Saviour dear,
   It is not night if Thou be near;
   O may no earth─born cloud arise
   To hide Thee from Thy servant's eyes.

(내 영혼의 태양이시여, 사랑하는 그대 구세주시여,

당신이 가까이 계시면 어둠이 없나이다.

이 세상의 구름이 일어나

당신의 종의 눈으로부터 당신을 가리지 말게 하소서!)

2. 이 눈에 단잠 오기 전

고요히 주를 그리며

구주의 품에 안기니

한없이 평안합니다

When the soft dews of kindly sleep

My weary eyelids gently steep;

Be my last thought, how sweet to rest

Forever on my Saviour's breast.

(쾌적한 잠의 이슬이

나의 지친 눈꺼풀을 부드러이 뒤덮을 때,

내 구주의 가슴에 영원히 기대는 것이 얼마나 즐거운 일인지,

바로 그것이 잠들기 전 마지막 생각이 되게 하소서!)

3. 주 없이 살 수 없으니

언제나 함께 계시고

주 없이 죽기 두려워

밤에도 함께하소서

Abide with me from morn till eve,

For without Thee I cannot live;

Abide with me when night is nigh,

For without Thee I dare not die.

(아침부터 저녁까지 나와 함께 계시옵소서!

당신 없이는 내가 살 수 없기 때문입니다.

저녁이 가까이 올 때도 나와 함께 계시옵소서!

당신 없이는 내가 감히 죽을 수 없기 때문입니다.)

4. 잠 깰 때 주여 오셔서

   우리를 축복하시고

   주님의 사랑 안에서

   언제나 살게 하소서

Come near and bless us when we wake,

Ere through the world our way we take;

Till, in the ocean of Thy love,

We lose ourselves in heav'n above.

(우리가 깰 때, 우리가 세상 속으로 나아가기 전에

가까이 오셔서 우리를 축복하소서!

우리가 저 위에 있는 하늘나라에,

곧 당신의 대양 같은 사랑 속에 완전히 잠길 때까지.)

가사의 의미 전달 문제는 한국 그리스도인이 지은 찬송가를 부를 때 너무나 자연스럽게 해결됩니다. 우리가 애창하는 찬송가 256장("눈을 들어 하늘 보라"), 305장("사철에 봄바람 불어 잇고"), 317장("어서 돌아오오"), 355장("부름 받아 나선 이 몸") 등을 생각해 보십시오. 그야말로 가사가 우리 마음에 척척 와 닿는 느낌이 아닙니까?

앞으로 한국 그리스도인들에 의한 찬송가 창작이 많아야 함은 물론이거니와, 특히 하나님을 사모하고 높이는 내용의 찬송가가 필요합니다. 저는 찬송가를 대개 두 가지 타입으로 나눕니다. 하나는 '대신곡'(對神曲)으로서 하나님을 찬양하고 높이고 경배하기 위한 찬송입니다. 주로 찬송가 앞부분에 수록되어 있습니다. 다른 하나는 '대인곡'(對人曲)으로서 하나님 면전을 의식하되 찬송가의 일차적 초점은 신자(때로는 불신자)에게 맞춰져 있습니다. 주로 신앙 간증이나 권유가 주 내용입니다.

그런데 한국인이 창작한 찬송가의 거의 대부분이 후자에 속하고, 대신곡은 2~3곡에 불과합니다. 사실 찬송가 가사에는 작사자의 신학이 반영되게 마련이므로, 대인곡보다는 대신곡을 창작하는 일이 더 어려울 것 같습니다. 그러나 찬송을 통해 우리의 심성이 움직이고 이것이 자연스레 하나님에 대한 예배로 연결되기 위해서는 좀더 많은 대신곡 창작이 필요합니다.

토착화

토착화 문제와 관련하여 논란이 되는 이슈는, 전래 민요나 전통 가락에 찬송가 가사를 접목시키는 작업입니다. 우리가 아는 찬송가 가운데도 이런 곡이 심심찮게 등장합니다. 한국인들이 애송하는 찬송가 545장("하늘 가는 밝은 길이")은 스코틀랜드 민요인 '애니 로리'(Annie Laurie)에 기초한 곡이고, 405장("나 같은 죄인 살리신")도 미국 민요로서 대농장에서 흑인들이 부르던 노래입니다.

어떤 사람들은 이런 곡들이 '세속적'인 데에 기원을 두고 있음에 경악하면서, 우리의 찬송가에서 제외시켜야 한다거나 최소한 예배 때는 부르지 말아야 한다고 강력히 주장할지도 모릅니다. 그러나 이런 조치는 별로 바람직하지 못합니다. 만일 그리스도인의 어떤 활동이나 전통의 합법성 여부를 판단하는 데 기원의 순수성을 그 준거로 내세운다면, 우리가 알고 있는 대부분의 용어나 행사는 종적을 감추어야 할 것입니다. 성탄절이 그렇고, '선데이'(Sunday)라는 용어가 그렇고, 도(道)나 신(神)의 개념들도 마찬가지입니다. 따라서 이미 익숙해져 있고 현재로서 신앙 인식상 방해가 되지 않는 찬송가라면, 비록 그 곡이 세속적 기원을 가지고 있다고 해도 예배 찬송으로 채택할 수 있다고 생각합니다.

복음성가

또 한 가지 이슈는 예배 중 복음성가 사용에 대한 것입니다. 저는 이 문제를 복음성가 전체에 대한 적합성 여부로 풀어 가지 않고, 오히려 복음성가 각각에 대한 평가의 문제로 이해해야 한다고 생각합니다. 이것은 복음성가를 반대하는 이유들을 고려하면 선명히 드러납니다. 복음성가 반대자들은, 첫째 곡이나 선율의 흐름이 천박하다는 점, 둘째 경건한 예배 분위기를 깨뜨린다는 점, 셋째 가사가 성경적·신학적으로 합당하지 않다는 점 등을 내세워 복음성가 사용을 반대합니다. 저는 첫째 이유와 둘째 이

유만으로는 복음성가 사용을 배척할 충분한 근거가 되지 못한다
고 생각합니다. 물론 셋째 이유가 반대의 근거라면 이는 타당한
것이므로 문제가 되는 복음성가를 제외시켜야 할 것입니다.

시편이나 기타 성구에 충실히 기초하여 하나님을 찬양하면서도
현대적 취향에 맞는 복음성가들이 꽤 있는데, 이런 곡들을 선별
하여 사용하면 예배 분위기를 훨씬 고양시킬 수 있다고 생각합니
다. 이것은 그리스도인들이 찬송가에 수록된 '대신곡' 들(찬송가
앞부분에 수록된 55곡 정도가 이에 해당될 터인데)을 신령과 진리의
예배 수단으로 충분히 활용하지 못하는 점을 고려할 때, 더욱 의
미심장하게 여겨집니다.

물론 저는 교회마다 전통 찬송가만을 고집하는 보수적 입장의
그리스도인이 건재함을 잘 알고 있습니다. 따라서 한 가지 타협
안을 시도하는 것도 불필요한 마찰과 오해를 피하는 현명한 길이
라고 생각합니다. 이미 대다수 교회에서 많이 실시하고 있는 바,
예배 전 찬송 시간이나 주일 오후 청년예배에서는 복음성가의 부
분적 도입을 허용하되, 주일 낮 본 예배에서는 전통적 찬송가만
을 사용하는 것입니다. 그러나 원칙상으로는, 내용과 곡조가 합
당하다면 어떤 예배에서든 복음성가를 하나님께 대한 찬송으로
채택하지 못할 이유가 없습니다.

음악으로 예배하기

예배 중에 사용되는 찬송가와 다양한 음악 순서는 한편으로 참
예배 정신을 촉발시키는 효과적 수단이 될 수도 있지만, 다른 한

편으로는 그 자체의 예술적 기능 때문에 회중이 하나님을 예배하기보다는 오히려 음악 활동(performance)과 그 사역자에게 초점을 맞추도록 유혹하는 계기가 되기도 합니다. 이런 일이 예배 시간 내내 일어나는데도 불구하고 우리는 이 사태의 심각성을 외면한 채 그저 음악 순서를 통해 예배를 '본' 것으로 만족하곤 합니다. 그러나 엄밀히 말해서 이것은 신령과 진리의 예배 정신에 어긋나는 일입니다. 어떻게 하면 이러한 교묘한 유혹에서 벗어나 음악 순서를 통해서도 하나님을 신령과 진리로 예배할 수 있을까요? 크게 두 경우로 나누어 생각해 봅시다.

음악 사역자의 경우

음악 사역자들은 회중의 눈길을 의식하기 때문에 그냥 내버려두면 하나님께 집중하기보다는 사람들 앞에서 한 편의 '공연'을 할 때의 의식 상태로 치닫게 됩니다. 이것은 성가대처럼 집단적인 경우에도 그렇지만, 특히 단독 사역자로—반주자, 지휘자, 특순 담당자—서면 그렇게 되기가 더욱 쉽습니다. 따라서 음악 사역자의 경우에는 피나는 내면의 훈련이 필요합니다.

먼저 성가대 연습 시간을 생각해 봅시다. 새 곡을 배우고 파트별로 연습할 때는 음을 익히는 데 신경을 써야 하기 때문에 그 곡을 통해 하나님께 집중하기가 쉽지 않습니다. 따라서 한시 바삐 곡—박자, 음, 강약, 흐름 등—을 익혀 음악상의 규칙에서 자유스러워져서 가사의 의미를 곱씹음으로써 하나님을 올려다보아야 합니다. 이것은 연습 때보다도 예배 중 찬송 시에 더욱더 중요합니다. 음악, 가사, 태도가 성가대의 찬송에 한데 어우러지면, 회중의 심령 또한 신령과 진리로 하나님을 예배하도록 거룩한 자극을 받을 것입니다.

음악 사역자는 찬송가를 연주하고 음악 순서를 수행할 때 세 종류의 대상을 의식하게 됩니다. 첫째, 목소리를 발하거나 악기를 연주하거나 지휘를 하는 자기 자신입니다. 둘째, 자기 자신의 음악 활동을 눈여겨보고 있는 회중입니다. 셋째, 이 모든 음악 사역이 궁극적으로 지향하고 있는, 예배의 대상이신 하나님입니다. 그런데 회중 앞에 있다는 자의식 때문이든 실수하지 않고 잘해야 한다는 압박감 때문이든 간에, 첫째와 둘째 대상에만 신경을 쓰고 예배의 대상이신 하나님을 도외시하는 수가 비일비재합니다. 음악 사역자는 자신과 회중을 의식하되 더욱 중요하게는 하나님 앞에 예배자로 서 있음을 기억해야 합니다. 이 일은 한 번에 그쳐서는 안 되고, 무수히 자신의 의식을 돌이켜 하나님께로 향하게 해야 합니다.

회중의 경우

교회에서 사용하는 용어 중에 '준비 찬송'이라는 말이 있습니다. 이것은 예배 시간 전에, 혹은 무슨 이유로 공적 집회가 지연될 때 그 시간을 '땜질'하기 위한 수단으로 찬송가 몇 곡을 부르는 일을 지칭합니다. 꽤 많은 이들이, 찬송이면 모두가 다 같은 찬송이지 준비 찬송 따로 있고 본 찬송 따로 있느냐는 식으로 정당한 비판을 했습니다. 저는 때로 부득이한 사정 때문에 찬송으로 준비하는 일이 필요할 수 있다고 생각합니다. 그것을 '준비 찬송'이라고 하면 그렇게 부를 수도 있겠지요. 그러나 아무리 준비 찬송이라 하더라도 그 찬송의 대상은 하나님이십니다. 하나님께 집중하면서 찬송한다면, 그것이 어떤 명칭으로 불리든 상관없다고 생각합니다.

회중이 예배 시의 찬송과 관련하여 하나님께 집중하지 않고 방심하는 경우는 주로 성가대의 찬양 순서 때 발생합니다. 교인들은 성가대의 화려한 의상과 음악적 솜씨에 마음이 쏠려 자신을 예배자로 인식하지 못하고 순간적으로나마 감상자로 착각합니다. 그리하여 성가대 개개인의 얼굴을 쳐다보며 그 중 아는 사람이 있는지 찾기도 하고, 곡을 얼마나 잘 소화했는지 어떤 표정으로 찬송하는지 등등에 정신을 팔곤 합니다. 이것은 신앙적 비극이요, 엄밀하게 말해서 하나님을 모독하는 태도입니다. 성가대의 동작, 모습, 찬양은 결국 하나님을 더 잘 예배하도록 하기 위한 수단이지, 하나님은 쏙 빼 놓고 인간끼리의—거룩해 보이나 위선과 형식으로 가득 찬—잔치 자리가 아니기 때문입니다. 만일 눈으로 보는 것이 방해가 되면, 차라리 눈을 감고 성가대가 부르는 가사의 내용을 음미하면서 하나님을 올려다보시기 바랍니다.

회중이 '음악 감상'의 시험에 빠지는 또 다른 경우는 단독 사역자가 특순을 맡아 수행할 때입니다. 이것은 특히 반주자나 연주자의 경우보다 성악가가 특순을 맡아 하는 경우 더욱 그렇습니다. 찬송하는 이의 목소리, 용모, 표정, 동작……. 이 모든 것들이 종교적 '볼거리'로 등장하기 때문에, 역시 찬양과 경배 받으실 주님을 망각하기가 십상입니다. 이때 회중이 취해야 할 태도는 성가대가 찬양할 때 요구되는 바와 거의 비슷합니다. 노래하는 이의 외양과 목소리보다 찬송가의 가사와 예배받으시는 하나님께 초점을 맞추어야 할 것입니다.

회중이 찬송을 통해 진정한 예배 정신을 함양하려면, 예배 순서에 있는 2~3곡의 찬송가를 올바른 자세로 부르도록 노력해야 합니다. 에베소서 5장 19절은 이러한 태도를 지칭하면서 **"너희의 마음으로 주께 노래"**하라고 권면합니다. 마음이 참여하지 않는 찬송, 입술과 습관에 따른 찬송은 헛 예배만을 유발할 것입니다.

그렇다면 어떻게 해야 우리의 마음으로 찬송을 부를 수 있을까요? 두 가지 조치가 필요합니다. 첫째, 가사의 내용을 잘 음미하면서 찬송가를 불러야 합니다. 이러한 찬송 방식을 가리켜 '이해력 있게 찬송하기'(singing with understanding)라고 부릅니다. 만일 우리가 가사를 잘 관찰하고 음미하고자 한다면, 우리의 마음은 딴 곳에 갈 수가 없을 것입니다. 우리가 찬송을 부르면서 2절을 불러야 할 때 3절을 부른다든지, 가사의 일부를 다른 절의 가사로 혼동한다든지 하는 것은 대부분 가사에 마음을 쏟지 않고 있었기 때문입니다.

둘째, 찬송가는 곡조가 달린 기도입니다. 가사를 음미하면서 이런 모든 예배 순서의 궁극적 목표가 되시는 주님께 아리어야 합니다. 찬송가에 따라 차이가 있지만, 어떤 것은 가사 자체가 기도로 되어 있어서 별다른 노력 없이도 그 내용만으로 기도할 수 있습니다. 그렇지 않은 가사의 경우라도 약간의 노력에 의해서 얼마든지 기도문으로 바꿀 수 있습니다. '영생' '사죄' '소망' '헌신' '전도' '봉사' 등 어떤 주제가 등장하든 이것은 하나님께 아뢰는 우리의 기도 제목이 될 수 있습니다.

물론 우리는 찬송가를 부르면서 종종 실수를 합니다. 마음이 복잡해서 그럴 때도 있고, 순간의 방심에 의해 생각의 초점이 다른 곳으로 치달아 그럴 경우도 있으며, 예배 후 해야 할 일에 대한 부담 때문에 그럴 수도 있습니다. 하지만 마음의 방황과 엇갈림을 발견하면 즉시 회개하고 다시 찬송의 가사를 통해 하나님께 집중하여 신령과 진리의 예배를 드려야겠습니다. 죄의식과 자책감 때문에 물러서지도 말고 자포자기에 빠져 지속된 방황으로 치닫지도 말아야겠습니다. 한시 바삐 돌아와 예배의 심령을 되찾는 것—찬송을 통해서 신령과 진리로 예배를 드리는 것—만이 우리의 살 길입니다.

1. 찬송은 하나님을 높이고 사모하고 기리는 마음 자세의 표현입니다. 우리는 말로, 목소리와 음악으로, 동작으로 하나님을 찬송할 수 있습니다. 당신은 무엇으로 하나님을 찬송하고 있습니까? 아울러 목소리와 음악으로 표현하는 찬송이 예배에서 왜 필요한지 설명해 보십시오.

2. 교회 성가대(혹은 음악사역자)에 대해 당신은 어떤 생각을 가지고 있습니까? 성가대(혹은 음악사역자)가 본연의 모습으로 찬양하기 위해 할 수 있는 일들을 이야기해 보십시오.

3. 예배 중에 사용되는 찬송가와 다양한 음악 순서는 참 예배의 정신을 촉발시키는 효과적 수단이 될 수도 있지만, 그 자체의 예술적 기능 때문에 회중이 하나님을 예배하기보다는 음악 활동(performance)과 그 사역자에게 초점을 맞추도록 유혹하는 것이 될 수도 있습니다. 어떻게 하면 이러한 교묘한 유혹에서 벗어나 음악 순서를 통해서도 하나님을 신령과 진리로 예배할 수 있을까요?

신앙고백

입으로 시인하여 이르는 구원

9 네가 만일 네 입으로 예수를 주로 시인하며 또 하나님께서 그를 죽은 자 가운데서 살리신 것을 네 마음에 믿으면 구원을 얻으리니

10 사람이 마음으로 믿어 의에 이르고 입으로 시인하여 구원에 이르느니라.

거의 대다수 교파에서는 주일 예배 시에 사도신경(使徒信經, Apostles' Creed)으로 신앙을 고백하도록 예배 지침을 마련해 놓았습니다. 5장에서는 신앙고백으로서의 사도신경을 역사적·교리적 맥락에서 파악하고, 신령과 진리로 드리는 예배와 사도신경과의 연관성에 대해 살펴보고자 합니다.

신경과 신조, 그 의미

신경(信經, creed)

영어의 '크리드'(creed)는 라틴어의 '크레도'(credo)에서 유래되었는데, 크레도는 '내가 …… 을 믿는다'(I believe in ……)는 뜻의 동사로서 1인칭 단수입니다. '신경'이란 일차적으로 하나님에 대한 **개인적** 신앙의 고백이지만, 동시에 전(全) 교회가 역사적으로 인정하는 신앙고백이기도 합니다. 따라서 교회가 공적인 예배 의식(儀式, liturgy) 가운데 공동으로 신앙을 고백하는 것은 이러한 **공동체적** 의미 때문입니다. 신경은 교회의 공식적 신앙고백 가운데 가장 오래된 것으로서, 그 역사적 기원은 초대 교회까지 거슬러 올라갑니다. 그 중에서 가장 먼저 형성된 것이 사도신경이고, 그 외에 니케아 신경(Nicene Creed)과 아타나시우스 신경(Athanasian Creed)이 있습니다.

신조(信條, confession)

교회의 교리적 진술과 관련하여 또 한 가지 중요한 용어가 있는데, 그것은 바로 '신조'입니다. 신조는 종교개혁 이후 형성된 개신교의 주요 교파가 자기 교파의 교리적 독특성을 설명하기 위하여 작성한 신앙고백 문서로서, 신경에 비해 그 종류가 다양하며 내용도 길고 자세합니다. 대표적인 신조로서 루터파 교회의 아우구스부르크 신조(Augusburg Confession), 영국 교회(Anglican Church)의 39개 조항(Thirty-nine Articles), 개혁 교회의 벨기에 신조(Belgic Confession) · 웨스트민스터 신앙고백(Westminster Confession) · 하이델베르크 교리문답서(Heidelberg Catechism) 등이 있습니다.

신경과 신조의 차이

이러한 신경과 신조 사이에는 몇 가지 차이가 있습니다. 먼저 이 둘의 가장 큰 차이는 신경은 신자 개인의 고백이고 신조는 신자들 그룹이나 전 교회의 고백이라는 데 있습니다. 그래서 신경은 1인칭 단수 언어를, 신조는 1인칭 복수 언어를 사용합니다. 또 신경은 처음부터 교회의 예배 순서에 넣고자 만들었지만, 신조는 예배 의식보다는 교육용으로 만들었습니다. 신경은 그 내용이 하나님을 향한 것이므로 하나님과 하나님의 진리만을 언급하지만, 신조는 그 내용이 동료를 향한 것이므로 신학적으로 다른 견해들을 열거하고 상세히 논박함으로써 그러한 견해에 대한 자기 교파의 반대 입장을 날카로이 부각시키는 특징이 있습니다. 신경과 신조는 이 외에도 몇 가지 차이가 있는데, 간략히 표로 정리해 보면 다음과 같습니다.

구 분	신 경	신 조
성 격	개인적 요소에 대한 강조. 신자 개인의 고백이므로 1인칭 단수 언어 채택.	신경보다 좀더 객관적인 성격. 일차적으로 신자들 그룹이나 혹은 전 교회의 고백이므로 1인칭 복수 언어 채택.
목 적	교회의 예배 순서에 넣고자 만듦.	신학적 문서의 의미만 가짐. 예배 의식보다는 교육용.
대 상 및 내 용	내용이 하나님을 향한 것이므로, 하나님과 하나님의 진리만을 언급함. 마리아와 본디오 빌라도를 제외하고는, 인간의 이름이나 오류는 언급하지 않음.	내용이 동료를 향한 것이므로, 신학적으로 다른 견해들을 열거하고 상세히 논박함으로써 그러한 견해에 대한 자기 교파의 반대 입장을 날카로이 부각시킴.
분량(범위)	신앙의 핵심 사항만을 언급하기 때문에 극히 간략함.	신경에 언급되어 있는 진리의 항목들에 대해 광범위하고 자세한 진술을 시도함.
역사적 의미	교회가 일치되었다는 표시임.	종교개혁 당시나 그 이후의 신조들은 교회가 분립되었다는 표시임.

사도신경으로 신앙을 고백하기까지

사도신경은 사도들이 만든 신경?

사도신경의 창안자는, 신경의 명칭이 보여 주는 바와는 달리 결코 열두 사도가 아닙니다. 사도신경을 사도들의 저작(著作)과 연결시키려는 견해는 중세에 많이 유행했는데, 이는 사도신경에 대한 권위를 높이기 위한 것이었습니다. 그 당시의 미신적인 견해에 따르면, 오순절에 성령께서 강림하신 후 열두 사도가 부활의 주를 전파하기 위해 전 세계로 흩어지기 전에 사도신경의 한 항목씩을 발언했다고 합니다. 즉, 베드로가 첫 항목인 "전능하사 천지를 만드신 하나님 아버지를 내가 믿사오며"라고 말하자 나머지 사도들이 한 항목씩 덧붙였고, 맨 마지막에 유다 대신 보선(補選)된 맛디아가 "영원히 사는 것을 믿사옵나이다"라고 마쳤다는 것입니다. 그러나 오늘날은, 심지어 가톨릭 신학자들조차도 이렇게 믿는 이가 없습니다.

사도신경, 어떻게 만들어졌나?

사도신경을 사도들이 하루아침에 급조(急造)한 것이 아니라면, 자연히 역사적 발전 과정을 추정하게 됩니다. 다음과 같은 역사적 사실과 연대가 그 변천 과정을 희미하게나마 보여 줄 것입니다.

우선 사도신경의 기본적 내용과 틀은 이미 신약성경 자체에 나타나 있습니다.

주는 그리스도시요 살아 계신 하나님의 아들이시니이다.

(마 16:16/베드로의 고백)

이는 성경대로 그리스도께서 우리 죄를 위하여 죽으시고 장사
지낸 바 되었다가 성경대로 사흘 만에 다시 살아나사.
(고전 15:3-4/바울의 복음 내용 소개)

아버지와 아들과 성령의 이름으로 세례를 주고.
(마 28:19/삼위일체적 구조)

2세기 말경 로마의 교회에서는 소위 '구(舊) 로마 신경'(the Old
Roman Creed)이라는 것이 있어서 세례 대상자들을 교육시키는
데 사용하였는데, 이것은 사도신경의 전신(前身)이라 해도 과언이
아닐 정도로 비슷한 내용을 담고 있습니다. 그 후 390년경에는 이
신앙고백문이 처음으로 '사도' 신경으로 불리었고, 북이탈리아
아퀼레이아 출신의 학자요 장로인 루피누스(Rufinus of Aquileia,
345-410)는 《사도신경 주석》(*Commentary on the Apostles' Creed*)
을 쓰기도 했습니다. 하지만 725년경에야 비로소 오늘날 우리가
가진 형태의 사도신경—곧 '확립된 본문'(established text)—이 출
현하게 되었습니다.

사도신경, 왜 필요한가?

사도신경이 이렇게 몇 세기에 걸쳐 형성되었다면, 그러한 신경
이 필요하게 된 역사적 · 시대적 요인은 무엇일까? 네 가지로 정
리해 보고자 합니다. 첫째, 교회는 설교나 전도를 위해 기독 신앙

에 관한 어떤 표준적 내용(standard formula)을 형성하는 일이 불가피했습니다. 초대 교회는 복음 진리의 수호 및 선포와 관련하여 '사도의 가르침'(행 2:42), '교훈의 본(本)'(롬 6:17), '유전'(tradition, 살후 2:17), '부탁한 것'(what is entrusted, 딤전 6:20), '바른 교훈'(딤후 1:13; 4:3; 딛 1:9) 등으로 불리는 교리적 훈련 내용을 구체화하기에 이르렀습니다.

둘째, 교회가 처음 형성되자 공적 예배에 합당한 예배 의식(liturgy)이 필요하게 되었습니다. 신앙의 고백(confession of the faith)이 예배 의식에 반드시 있어야 하는 항목이었음은, 이미 신약 자체에 등장하는 찬송가 형태의 고백문(빌 2:5-11; 딤전 3:16)과 고백 및 기원(고전 12:3; 계 22:20) 등을 보아 알 수 있습니다.

셋째, 기독교에 입문하는 이들을 위해서 신앙에 관한 체계적 교리 내용이 있어야 했습니다. 만일 어떤 이가 기독교 공동체에 들어오고자 한다면, 그는 세례 받기 전에 무엇을 믿는지 확실히 알아야 했고 그것을 믿는다고 고백할 필요가 있었습니다. 예를 들어, 에티오피아 여왕 간다게의 내시가 빌립에게 세례 받기 전에 "내가 예수 그리스도께서 하나님 아들인 줄 믿노라"(행 8:37 난외주 참고)라고 고백한 것을 보십시오. (어떤 이는 사도행전 8장 37절의 내용이 중요한 사본에는 빠져 있다고 이의를 제기할지 모르지만, 혹시 이것이 후대의 삽입[interpolation]이라고 해도 그 삽입 시기가 매우 이른 것으로 보아 초대 교회의 행습을 반영하는 것이라 할 수 있습니다.)

넷째, 이단적 가르침에 맞서서 올바른 기독 신앙을 수호할 필요가 있었습니다. 모든 신앙 조항이 이단을 조치하기 위한 성격을 띠고 만들어진 것은 아니지만, 어떤 부분들은 이단의 공격에 대한 대응 때문에 생긴 것이 사실입니다. 잘못된 교리에 대처하려면, 올바른 교리가 체계화되어 있어야만 했기 때문입니다.

사도신경의 구조

사도신경을 다음과 같이 항목별로 구분해 보면 삼위일체적 구조로 이루어져 있음이 확연히 드러납니다.

전능하사 천지를 만드신 **하나님 아버지**를 내가 믿사오며,

그 외아들 **우리 주 예수 그리스도**를 믿사오니,
　이는 성령으로 잉태하사 동정녀 마리아에게 나시고,
　본디오 빌라도에게 고난을 받으사,
　십자가에 못 박혀 죽으시고, 장사한 뒤 (음부에 내려가시고),
　사흘 만에 죽은 자 가운데서 다시 살아나시며,
　하늘에 오르사, 전능하신 하나님 우편에 앉아 계시다가,
　저리로서 산 자와 죽은 자를 심판하러 오시리라.

성령을 믿사오며,
　거룩한 공회와, 성도가 서로 교통하는 것과,
　죄를 사하여 주시는 것과,
　몸이 다시 사는 것과, 영원히 사는 것을 믿사옵나이다.

위 내용을 12개 조항으로 정리하면 다음과 같습니다.

성부 : 1. 아버지, 전능, 창조

성자 : 2. 외아들, 우리 주

3. 성령 잉태, 동정녀 탄생

4. 고난, 십자가, 죽음, 장사

5. 지옥 강하

6. 부활

7. 승천 및 재위(在位, session)

8. 심판

성령 : 9. 성령

10. 교회, 성도의 교통

11. 사죄

12. 부활, 영생

물론 사도신경의 내용을 12개 조항으로 구분할 때, 위의 방식을 좇지 않을 수도 있습니다. 위의 내용의 제일 흔한 변형은 '5. 지옥 강하'를 '4항'이나 '6항'에 병합시키고, '12. 부활, 영생'을 각각 '부활'과 '영생'이라는 독립 항목으로 나누는 것입니다. 또 '10. 교회, 성도의 교통'처럼 '성도의 교통'을 '교회'와 연관시키느냐, 아니면 '11. 사죄' 항목에 교회를 병합시키느냐 하는 점도 고려해 볼 만합니다.

사도신경의 용도

사도신경은 그리스도인의 신앙생활에서 어떤 용도가 있을까요? 다음 세 가지로 정리해 볼 수 있습니다.

교리적(doctrinal) 용도

사도신경의 가장 큰 특징은 그리스도인의 신앙에서 가장 기본적이자 본질적인 가르침들을 간단하면서도 일목요연하게 표현해 놓은 교리적 진술문이라는 데 있습니다. 따라서 모든 교리가 그렇듯이 사도신경 역시 교리 체계인 이상, 체계화 작업 · 개인의 신앙 성숙 · 신앙 교육 · 기독 신앙의 변호라는 네 가지 방면에서 매우 중요한 역할을 감당할 수 있습니다.

예배 의식적(liturgical) 용도

사도신경의 교리적 측면을 무시할 수 없고 무시해서도 안 되지만, 더욱 중요한 것은 예배 의식과의 연관성입니다. 사실 교회의 역사를 볼 때 교회의 기본적 교의(dogma)는 예배 의식(liturgy)에서 비롯되었습니다. 사도신경과 예배 의식과의 내적 연관성을 추적하려면, 우리는 다시금 ‘신경’이라는 단어에 주목해야 합니다.

신경은 전통적으로 ‘신앙의 상징’(symbolum fidei, symbol of the faith)으로 불려 왔습니다. 여기서 ‘상징’(symbol)은 그리스어로 ‘숨볼론’($\sigma\upsilon\mu\beta\acute{o}\lambda o\nu$)인데 ‘표시’(sign)라는 뜻입니다. 어떤 사물이 표시 노릇을 할 때, 그 표시물(signifier)은 자기 자체보다 그것이 표시하는 대상(object signified)에 초점을 맞추게 마련입니다. 사도신경이 상징 곧 표시라고 할 때, 그것은 그 신경이 표현하고자 하는 신앙 대상, 곧 삼위 하나님의 신비스러운 실존을 가리키는 것입니다. 또 ‘신경’이라는 말의 라틴어 ‘크레도’(credo)는 두 가지 어근 '*cor*' (heart)와 '*dare*' (to give)의 합성어로서 '자신의 마음을 주다' (to give one's heart)라는 뜻입니다. 그렇다면, 그리스어 '표시'와 라틴어 '마음을 주다'를 연결시켜 볼 때, 신경이란 '교리적 표현을 통해 삼위 하나님께 자신의 마음을 드리는 것'이라는 의미가 됩니다.

언제 우리는 삼위 하나님께 마음을 드릴 수 있겠습니까? 교리 공부를 하면서도 그렇게 할 수 있지만, 가장 경우에 합당하기는 예배 의식을 통해서입니다. 그리스도인들이 예배를 드리면서 사도신경으로 신앙고백을 하는 것은 개인적으로 또 교회적으로 거룩하신 삼위 하나님께 마음을 바치노라 약속하는 것입니다.

생활적(practical) 용도

사도신경을 교리로서 배우고 예배 의식 가운데 고백했다면, 그것이 그리스도인의 삶에 구체적인 영향을 끼쳐야 합니다. 만일 신자의 일상생활이 교리의 내용이나 예배 때의 고백과 터무니없이 동떨어져 있다면, 그의 교리 지식은 지적인 유희에 불과하고 그의 신앙고백은 종교적 형식에 지나지 않을 것입니다.

사도신경, 입술과 마음의 고백

왜 사도신경으로 신앙을 고백할까?

사도신경으로 우리의 신앙을 고백하는 이유는 무엇일까요? 다시 말해서, 왜 우리는 매주 예배 때마다 사도신경으로 신앙을 고백하는 것일까요? 여기에는 세 가지 의의가 있습니다.

첫째, 신앙의 고백은 우리가 무엇을 믿고 있는지 되돌아볼 자기 성찰의 계기를 마련해 줍니다. 신앙적 자기 성찰은 두 요소—믿는 내용에 대한 바른 이해, 믿음의 대상이신 하나님에 대한 고백—가 만날 때 원활히 이루어집니다. 이 두 가지 중에 '믿는 내용에 대한 바른 이해'가 무시되면 '맹목(盲目) 신앙'(blind faith)이 되고, '믿음의 대상이신 하나님에 대한 고백'이 결여되면 '명목(名目) 신앙'(nominal faith)이 됩니다.

이런 의미에서 신앙고백과 관련하여 로마서 10장 9-10절이 우리에게 시사하는 바는 상당히 교훈적입니다.

> [9]네가 만일 네 입으로 예수를 주로 시인하며 또 하나님께서 그를 죽은 자 가운데서 살리신 것을 네 마음에 믿으면 구원을 얻으리니 [10]사람이 마음으로 믿어 의에 이르고 입으로 시인하여 구원에 이르느니라.

우선, 진정한 신앙고백에는 '믿는 내용'이 있어야 합니다. 9절에 보면 '예수께서 주이시다'(Jesus is Lord)라는 내용과 '하나님께서 그[예수]를 죽은 자 가운데서 살리신 것'이 믿음의 내용으로 등장합니다. 이를 볼 때 우리 신앙고백의 그 핵심적 내용이 그리스도의 부활과 주 되심이어야 함을 알 수 있습니다.

또 신앙고백이라는 말 뜻 그대로, 믿음의 대상이신 하나님께 신앙을 고백하는 일이 있어야 합니다. 10절 말씀에 따르면, 이러한 신앙고백에는 두 가지가 개입되어야 하는데, 곧 '마음으로 믿음'과 '입의 시인'입니다. 다시 말해서, 신앙의 내용을 마음으로 믿는 것과 그 믿는 바를 입으로 시인하는 것이 필요합니다. 물론 마음의 믿음과 입술의 표현은 결국 참 신앙이라는 동전의 양면일 뿐입니다. 속임수나 위선의 경우를 제외한다면, 인간은 마음으로 믿는 것을 입으로 시인하지 않을 수 없고, 입의 시인은 근본적으로 마음의 믿음에서 흘러나오는 것이기 때문입니다.

우리가 예배 시에 사도신경의 내용을 되새기며 하나님에 대한 신앙을 고백할 때, 로마서 10장 10절에 약속된 '의'와 '구원'은 더욱더 확실히 우리의 영적 실상으로 자리 잡을 것입니다.

둘째, 사도신경을 통한 신앙고백은 고백하는 이들을 하나로 묶어 실로 거룩한 공교회의 구성원이라는 영적 유대 의식을 공고히 해 줍니다. 비록 우리가 지역과 공간에 따라 떨어져 있더라도, 동일한 하나님께 동일한 내용의 신앙을 고백할 때 우리는 신비스럽게도 한 성령 안에서 한 몸을 이룹니다.

이러한 영적 유대의 범위는 특히 사도신경의 보편적 사용 때문에 더욱 효과적으로 넓어집니다. 그리스도인치고 사도신경의 신앙 전통적 가치를 인정하지 않는 경우는 드물기 때문입니다. 저는 이 점이 얼마나 중요한지를 몇 년 전에 직접 경험했습니다.

1999년 7월, '국제복음주의학생회'(IFES, International Fellowship of Evangelical Students)—IVF의 국제 조직 명칭—가 개최하는 세계 대회(world assembly)가 한국에서 열렸는데, 이때 한 세미나에 참석했다가 매우 인상적인 발언을 들었습니다. 말하는 이는 중동과 지중해 연안에서 일하는 사역자였습니다. 그 지역의 학생 운동이 갖는 어려움을 토로하는 가운데, 가장 큰 방해거리는 희랍 정교(Greek Orthodox)나 동방 정교(Eastern Orthodox)

에게서 받는 오해와 핍박이라고 말했습니다. 그들은 로마 가톨릭만을 인정하는 정도이고, 개신교는 어떤 교파든 이단이나 사이비 종파로 간주한다는 것이었습니다. 그런 난관을 어떻게 이겨 내느냐고 묻자, 그는 "우리도 사도신경을 고백한다"라고 말해 주면 상대방의 적대적인 태도가 상당히 누그러진다고 했습니다.

앞서 '사도신경으로 신앙을 고백하기까지'에서 설명했듯이, 사도신경이 완성된 시기가 8세기경이고 이 신앙고백이 기독교회의 첫 분열—동방 정교가 로마 가톨릭과 분립한 것이 1054년임—이 있기 오래 전부터 전 교회적으로 사용되었음을 고려할 때, 정교회의 사제가 왜 그렇게 갑작스런 태도 변화를 보였는지 납득이 갑니다. 이것으로 볼 때, 사도신경만큼 거룩한 공교회를 향한 유대 의식을 강화시키는 신앙고백도 없다고 하겠습니다.

셋째, 신앙고백은 그리스도인들이 믿는 바가 무엇인지 세상에 알리는 역할을 합니다. 매주 예배로 모일 때마다 하나님께 고백하는 신앙 내용은, 하나님께 고백함과 동시에 아직 하나님을 믿지 않는 세상에 대해 진리를 선포하는 일이 됩니다. 물론 우리는 주일 예배와 신앙고백이라는 맥락만을 염두에 두고 이러한 선포적 기능을 언급하는 것은 아닙니다. 이미 '사도신경의 용도'에서 밝혔듯이, 사도신경의 통전적—교리적·예배 의식적·생활적—용도가 전제되어야 할 것입니다.

사도신경을 통해 우리가 믿고 고백하고 살아 내는 진리의 요체를 알림으로써 우리는 세상의 가치관과 생활 방식에 도전하는 것이요, 복음의 아름다움을 드러내는 것이며, 최종적으로 그들을 하나님께로 초대하는 것입니다. 사도신경의 사용이 보편 교회에 공통적이듯이 사도신경의 내용을 통한 신앙고백은 전 세계를 대상으로 한 선포 행위입니다.

사도신경 사용에 대한 반대와 해명

사도신경을 통한 신앙고백이 이와 같은 의의를 지님에도 불구하고, 어떤 그리스도인들은 예배 때 사도신경을 사용하는 것을 반대하기도 하고 달갑지 않게 여기기도 합니다. 다음에서는 사도신경 사용을 반대하는 네 가지 서로 다른 이유를 소개하고, 이에 대한 답변을 시도하고자 합니다.

반대 이유 1. 사도신경의 반복 사용은 형식주의라는 폐습을 낳는다.

사도신경의 내용이 훌륭하고 그 나름으로 지니는 의의가 큰 것을 인정하면서도, 일부 그리스도인들은 그것이 형식화된다는 이유 때문에 꺼리기도 합니다. 즉, 처음 한두 번은 어떨지 몰라도 매주 반복하다 보면 의미 있는 고백을 하기가 점점 어려워지고 급기야는 형식주의에 빠지기 때문에, 아예 예배 순서에 포함시키지 말아야 한다는 주장입니다. 사실 이것은 역사적 전례를 통해 실증된 예이기도 합니다. 칼뱅은 예배 때마다 주기도문과 사도신경을 즐겨 읽었지만, 스코틀랜드 계통의 장로교에서는 이런 순서의 형식화를 이유로 예배 의식에서 제외시켰습니다.

이 주장에 대해서는 충분히 이해가 갑니다. 그러나 이러한 폐단을 두려워하여 사도신경을 배제하자는 것은, ‘구더기 무서워 장 못 담그는’ 격이 아닌가 싶습니다. 먼저 사도신경의 내용을 각 조항별로 자세히 가르치고 신령과 진리의 태도 가운데 사도신경을 고백하도록 훈련한다면, 이러한 어려움은 얼마든지 극복될 수 있을 것입니다.

반대 이유 2. 사도신경은 성경에 명시되지 않은 신앙 체계이다.

이 반론은 두 가지 전제 아래 출발합니다. 첫째, 사도신경 내용 전체가 성경에 통째로 등장하지 않는다는 것입니다(주기도문과 비교해 보면 이 말의 의미를 좀더 명확히 알 것입니다). 둘째, 성경의 어느 한 곳에 집중적으로 등장한 내용만을 예배 순서로 채택할 수 있다는 것입니다. 따라서 주기도문이야 얼마든지 예배 순서에 속할 수 있지만, 사도신경은 아니라는 주장입니다.

이상의 두 가지 전제 가운데 첫 주장은 누구나 인정하지 않을 수 없습니다. 그러나 두 번째 주장에는 반대합니다. 꼭 주기도문식으로 성경의 어느 부분에 그 내용이 집중적으로 등장해야만 예배 순서가 될 수 있다는 것은 지나친 주장입니다. 교리 체계는 그것이 아무리 단순해도 성경의 어느 한 곳에 집중적으로 모여 있지 않습니다. 성경의 계시는 결코 교리의 형태로 주어지지 않았기 때문입니다. 오히려 사도신경을 구성하는 각 조항들이 성경의 뒷받침을 받을 수 있다면, 그 체계 전체도 성경적인 것으로 용인(容認)될 수 있을 것이고, 따라서 예배의 한 순서로 채택할 수 있을 것입니다.

반대 이유 3. 사도신경의 일부 내용은 신앙고백으로 채택하기 힘들다.

이 반론을 내세우는 이들이 종종 문제 삼는 내용은 '음부 강하'("그가 음부에 내려가셨다")와 연관된 것입니다. 어떤 이들은 이 조항이 반드시 포함되어야 하는데 그렇지 않아서 불만을 표시하고, 반대로 어떤 이들은 이 조항의 성경적 근거가 명확하지 않은데 포함되어 있다고 비판을 합니다(한국 교회의 경우에는 이 조항이 빠져 있습니다). 그러나 이 조항이 포함되든지 포함되지 않든지, 사도신경의 가치는 크게 달라지지 않습니다. 따라서 이런 지엽적 문제 때문에 사도신경을 신앙고백의 내용으로 채택하지 않는다면, 이것은 큰 실수요 어리석은 일입니다.

사도신경을 반대하는 또 다른 이들은 "거룩한 공회—**공교회(公敎會)의 준말**—를 믿사오며"라는 조항에 제동을 겁니다. 특히 사도신경의 영문판에는 이 조항이 "(I believe in) the Holy Catholic Church"라고 되어 있어, 흡사 가톨릭 교회만을 인정하는 내용처럼 보이기 때문에 무척 꺼려합니다. 그래서 어떤 이는 이것을 "the Holy Christian Church"로 바꾸어야 한다고 주장하며, 실제로 그렇게 표기해 놓은 것도 볼 수 있습니다.

그러나 이것은 오해입니다. 'catholic'이라는 단어는 '로마 가톨릭 교회'(Roman Catholic Church)의 경우처럼 고유 명사의 한 부분으로 쓰일 수도 있지만, 그냥 보통 의미의 형용사로 쓰일 수도 있습니다. 이 경우에는 'catholic'이 '보편적'(universal) 혹은 '일반적'(general)이라는 뜻이 됩니다. 신약에서 바울서신 이외의 서신을 총칭할 때 대개 '일반 서신'(general epistles)이라고 하지만, 어떤 경우에는 '보편 서신'(catholic epistles)이라고도 합니다. 따라서 사도신경에 나오는 'catholic'이라는 말은 'universal'이라는 의미이며, 이미 나와 있는 표현대로 '공회'(공교회)로 번역된 것은 타당한 조치입니다. 그러므로 사도신경의 내용 가운데 어떤 부분에 문제가 있다고 하여(그것도 읽는 사람의 무지나 오해가 주원인인데도 불구하고), 사도신경 전체를 배척하려는 것은 어리석은 태도입니다.

반대 이유 4. 사도신경의 일부 조항을 온전히 받아들이지 못하기 때문에 사도신경으로 '신앙고백'을 할 수가 없다.

이 입장은 실상 사도신경에 대한 '객관적 비판'이 아니라, 어떤 개인이 자신의 신앙적 회의를 온전히 극복하지 못한 결과 겪게 되는 '주관적 어려움'입니다. 이에 대해서는 두 가지로 해명할 수 있습니다.

첫째, 사도신경을 통한 신앙고백은 그 모든 조항을 100퍼센트 확신하는 이들만이 고백할 수 있는 것이 아닙니다. 이것은 형제 사랑에 관록이 붙은 이들만이 요한일서의 '형제 사랑'에 관한 말씀을 읽을 수 있는 것이 아닌 것과 비슷한 이치입니다. 오히려 반대로 형제 사랑에 부족을 느끼는 이들이 자주 이런 본문을 접함으로써 영적 성숙을 꾀해야 합니다. 사도신경도 마찬가지입니다. 우리는 사도신경의 여러 조항들에 대해 피상적일 수밖에 없습니다. 그러나 꾸준한 신앙생활과 반복되는 고백 가운데 그 조항들에 대한 이해가 깊어지고 마음으로부터 우러나오는 고백이 가능하게 될 것입니다. 따라서 사도신경의 일부 내용에 대한 주관적 확신의 결여(缺如)는 신앙고백을 회피하는 것이 능사가 아니라, 오히려 "(주 예수여!) 내가 믿나이다. 나의 믿음 없는 것을 도와주소서!"(막 9:24)라는 간절한 기도 가운데 맞닥뜨릴 사안입니다.

둘째, 회의가 없어지지 않고 더 큰 장애 요인으로 발전할 때는 회의를 느끼는 그 특정 내용에 대해 따로 설명을 듣는 일이 필요합니다. 이때 소속 교회나 단체의 지도자와 만나서 도움을 얻는 것이 바람직하지만, 개인에 따라서는 관련된 기독교 서적을 추천받아 읽는 것도 좋은 방법입니다. 물론 이런 노력은, 하나님께서 그 내용에 대한 확실한 깨달음을 허락해 주십사 하는 마음의 열망과 함께 해 나가야 합니다.

사도신경을 통한 신앙고백은, 신령과 진리의 예배를 드리도록 우리를 자극하는 거의 유일무이한 형태의 예배 순서입니다. 우리의 믿는 바를 마음으로 확신하고 입술로 시인함으로써 하나님께서 찾고 바라시는 신령과 진리의 예배를 드릴 수 있을 것입니다.

송인규의 Think and Act

1. 사도신경으로 신앙을 고백하는 것은 우리에게 어떤 의미가 있습니까? 왜 우리는 사도신경으로 신앙을 고백해야 합니까?

2. 사도신경으로 신앙을 고백하지 못하고 있다면, 그 이유는 무엇입니까? 사도신경의 내용 가운데 당신의 신앙과 배치되는 부분이 있다면 어떤 부분입니까?

3. 사도신경은 신령과 진리로 드리는 예배와 어떤 연관이 있습니까? 신령과 진리로 예배하기 위해 당신은 사도신경을 어떻게 사용해야 할까요?

헌금
하나님 사랑, 이웃 사랑

고린도전서 16:1-2

1 성도를 위하는 연보에 대하여는 내가 갈라디아 교회들에게 명한 것같이
  너희도 그렇게 하라.
2 매주일 첫날에 너희 각 사람이 이(利)를 얻은 대로 저축하여 두어서
  내가 갈 때에 연보를 하지 않게 하라.

오늘날 우리의 예배에서 헌금은 매우 중요한 위치를 차지하고 있습니다. 그것은 하나님께 드리는 신령과 진리의 예배를 말하면서, 헌금이 나타내는 **헌신**의 정신을 빼놓을 수 없기 때문입니다. 6장에서는 먼저 헌금의 용어에 대해 알아보겠는데, 헌금과 관련하여 다양한 용어들이 사용되고 있기 때문입니다.

헌금이란?

많은 그리스도인들이 '헌금'이라는 용어를 사용하지만, 어떤 그리스도인들은 '헌금'(獻金) 이외에 '헌상'(獻上) 혹은 '연보'(捐補)라는 말을 사용하기도 합니다. 국어사전을 참조해 볼 때 그 의미는 다음과 같습니다.

헌금 1. 돈을 바치는 것, 또는 그 돈.

　　　2.[기독교] 주일이나 어떤 축일을 맞이하여 교회에

　　　　바치는 돈.

헌상 1. 임금에게 바치는 것. 2. 물건을 삼가 올리는 것.

연보 1. 자기 재물을 내어 남을 도와주는 것.

　　　2.[기독교] =헌금.

이 가운데 '헌금'이 가장 보편화된 단어이고, '연보'는 개역 한글판 성경에서 채택한 말로서(막 12:41, 43; 눅 21:1; 요 8:20; 고전 16:1; 고후 8:2, 20; 9:5, 11) 한국 교회 초창기에 많이 사용했습니다. '헌상'은 김홍전 목사 등이 제시하였는데, 높은 이에게 바친다는 뜻이 있는 훌륭한 단어지만 기독교인들 사이에서는 거의 통용되지 않고 있습니다. 따라서 저는 '헌금'이라는 용어를 사용할 것입니다.

좀더 나아가 헌금과 관련된 영어 단어를 찾아보면, 다음 다섯 가지가 있습니다.

offering: A contribution, esp. of money, to a Church(교회에 돈을 기부함).

offeratory/oblation: An offering or collection of money made at a religious service(종교 예식 때 돈을 바치거나 모으는 일).

almsgiving: The giving of alms, that is, charitable relief of the poor, orig. and esp. as a religious duty(종교적 의

무로서 가난한 이들을 위한 구제 헌금; 연보).

giving: The thing given, a gift(바쳐진 것, 예물).

collection: The action or an act of collecting taxes, or
money for a definite purpose (e.g., in a church or at the
meeting); money so collected(확정된 목표를 위해 [교회에서나
회집 시] 세금 혹은 금전을 수금하는 행위; 그렇게 수금된 돈).

이 가운데 'offering'이 헌금을 의미하는 가장 일반적인 단어이
고, 'offeratory/oblation'은 '봉헌' '헌납' 등의 의미를 가진 단
어로서 종교적 색채가 뚜렷합니다. 'almsgiving'은 '연보'라는
말에 가장 가까운데, 주로 구제를 위한 헌금을 의미합니다.
'giving'과 'collection'은 비종교적·종교적 맥락을 통틀어 사용
하는 말로서 헌금이라는 뜻으로도 사용 가능합니다.

헌금, 누구에게 드리는 것인가?

"헌금은 누구에게 드리는 것인가?"라는 질문에 어떤 이는 "그
야 물론 하나님께 바치는 것이지"라고 답변하면서, 이토록 자명
한 사항을 무엇 때문에 묻느냐고 반문할지도 모르겠습니다. 그러
나 답변은 그렇게 간단하지 않습니다. 헌금에 대해 잘 나타나 있
는 고린도전서 6장 1–2절 말씀을 중심으로 살펴봅시다.

[1]성도를 위하는 연보에 대하여는 내가 갈라디아 교회들에게 명
한 것같이 너희도 그렇게 하라. [2]매주일 첫날에 너희 각 사람이

이(利)를 얻은 대로 저축하여 두어서 내가 갈 때에 연보를 하지 않게 하라. (고전 16:1-2)

우선, 1절을 보면 "성도를 위하는 연보"라고 되어 있어, 헌금이 실상은 그리스도인—경제적으로 어려운 예루살렘의 그리스도인들(고전 16:3; 참고. 롬 15:25-26)—을 대상으로 한 것임이 분명하게 드러나 있습니다.

헌금의 대상이 사람이라는 데는 서로 다른 두 가지 반응이 나타날 수 있습니다. 헌금이란 하나님께만 바치는 것이라고 생각해 온 그리스도인들은 '성도를 위하는 연보'라는 표현에 약간의 불편함을 느낄 것입니다. 반대로 헌금의 실제 용도에 주로 착념하는 그리스도인들은 '그러면 그렇지!' 하고 쾌재를 부를지도 모릅니다. 그들은 사실, 헌금 역시 경제적 수입의 일종으로서 결국은 모두 사람을 위해 쓰이는 것인데 항시 하나님께 바친다는 식의 표현을 써 삶의 실상과 인간적 측면을 교묘히 포장하는 것은 아닌가 하는 의구심을 가져 왔기 때문입니다.

그러나 전체적인 그림을 그려 볼 때, 이것은 양자택일(either-or)의 사안이 아닙니다. 근본적으로 헌금은 하나님께 바치는 것이지만, 실제로는 인간의 필요를 채우기 위해 사용됩니다. 바울은 이 점과 관련하여 "……에바브로디도 편에 너희의 준 것을 받으므로 내가 풍족하니 이는 받으실 만한 향기로운 제물이요 하나님을 기쁘시게 한 것이라"(빌 4:18)라고 말합니다. 빌립보 교우들이 에바브로디도 편에 헌물을 전달했을 때, 일차적으로 그것은 "받으실 만한 향기로운 제물이요, 하나님을 기쁘시게 한 것"이었습니다. 이것은 빌립보 교우들이 헌물을 통해 자신을 하나님께 제물로 바쳤다는 뜻입니다. 그러나 그 헌물의 실제적 수혜자는 인간 바울이었습니다. 이 헌물은 바울에 대한 사랑의 표시로서 바울의 "괴로움에 함께 참예한"(빌 4:14) 것이었습니다.

바로 여기에서 우리는 헌금의 이유 혹은 목적이 무엇인지 살펴볼 필요를 느낍니다. 두말할 것도 없이 헌금의 목적은 '하나님 사랑'과 '이웃 사랑'이라고 요약할 수 있습니다(참고. 마 22:37-40).

헌금의 일차적 목적: 하나님 사랑

그리스도인은 마음과 목숨과 뜻을 다하여 하나님을 사랑해야 합니다(마 22:37). 하나님에 대한 사랑을 표시하는 데는 여러 방도와 형태가 있겠지만, 뭐니 뭐니 해도 가장 중요한 것은 우리 자신을 바치는 일입니다. 이러한 헌신은 내면적으로는 마음의 자세를 통해 전달되고, 외형적으로는 재물·시간·은사의 헌납이라는 가시적 행위를 통해 표현됩니다. 이 가운데 예배의 한 순서로서 가장 적합하게 채택될 수 있는 사항이 바로 재물을 바치는 일입니다. 따라서 우리는 우리 자신을 하나님께 바친다는 헌신의 표시로서 예배 순서 가운데 헌금 순서를 넣는 것입니다.

우리는 헌금을 통해 하나님을 인정하고 기쁘시게 할 수 있습니다. 그렇다면 그 이유는 뭘까요? 우선, 헌금은 하나님의 주 되심을 인정하는 일이기 때문입니다. 다시 말해서, 재물을 비롯한 모든 것이 하나님의 것인 고로 이러한 헌납 행위는 하나님의 주인 되심을 인정하는 것이고, 따라서 이런 행위는 그분을 기쁘시게 해 드립니다. 다윗은 헌물에 대한 감사 기도를 시작하면서, "여호와여! 광대하심과 권능과 영광과 이김과 위엄이 다 주께 속하였사오니 **천지에 있는 것이 다 주의 것이로소이다……"**(대상 29:11)라고 인정했습니다.

둘째, 헌금은 하나님의 너그러우심을 인정하는 일이기 때문입니다. 하나님께서 자신의 것—재물을 포함한—을 우리에게 선물로 주시고 향유하도록 하시기 때문에, 우리가 받아 누리는 재물을 헌납함으로써 이 점을 인정할 때 하나님을 기쁘시게 하는 것이 됩니다. 바울은 디모데로 하여금 부유한 그리스도인들에게 권면할 바를 가르쳐 주면서, 실은 우리 하나님이 "오직 우리에게 모든 것을 후히 주사 누리게 하시는"(딤전 6:17) 그런 하나님이심을 천명하고 있습니다.

비록 우리의 헌금이 하나님의 주 되심과 너그러우심을 인정함으로써 하나님을 기쁘시게 하는 것이 사실이지만, 그렇다고 하여 하나님께서 헌금이나 헌물로부터 인간 식의 유익을 얻기 때문은 아닙니다. 하나님께서는 이것들을 취하시지 않습니다. 구약에서 아삽은 이 점을 다음과 같이 밝힙니다.

> 내가 네 집에서 수소나 네 우리에서 수염소를 취치 아니하리니 이는 삼림의 짐승들과 천산(千山)의 생축이 다 내 것이며 산의 새들도 나의 아는 것이며 들의 짐승도 내 것임이로다. 내가 가령 주려도 네게 이르지 않을 것은 세계와 거기 충만한 것이 내 것임이로다. 내가 수소의 고기를 먹으며 염소의 피를 마시겠느냐? (시 50:9-13)

하나님께서는 두 가지 근거를 내세워 제물을 취하시지 않는다고 말씀하십니다. 첫째, 하나님은 인간과 달리 자충족적(self-sufficient)이십니다. 존재하는 모든 것이 그분 자신의 것이기 때문에(시 50:9-12), 인간의 제물에 의존하지 않으신다는 말입니다. 하나님께서는 "천지의 주재시니 …… **무엇이 부족한 것처럼** 사람의 손으로 섬김을 받으시는 것"이 아닙니다(행 17:24-25). 둘째, 너무나 당연한 말이지만 하나님께서는 영이시기 때문에(요 4:24) '물질'을 취하시지 않습니다(시 50:13). 하나님께서는 구약 시대의 짐승 제물을 자신의 필요 때문에 취하시는 분이 아니듯이, 오늘날 헌금이나 헌물과 관련해서도 취하시지 않는 분입니다.

하나님께서 헌금을 통해 요구하시는 것은 결국 우리 자신, 곧 우리의 마음입니다. 우리가 헌금을 바칠 때 하나님께서는 우리 자신을 제물로 받으시는 것입니다(참고. 롬 12:1; 빌 4:18; 히 13:16). 그렇다면 결과적으로 헌금 그 자체는 인간을 위해 사용된다고 할 수 있습니다. 바로 여기에 헌금의 둘째 목적이 있습니다.

헌금의 부차적 목적: 이웃 사랑

그리스도인은 자신의 이웃—신자와 불신자가 모두 포함된 이웃(참고. 갈 6:10)—을 자기 몸처럼 사랑해야 합니다. 이웃 사랑 역시 근본적으로는 마음의 문제이지만, 재물·시간·은사를 나눔으로써만 구체화될 수 있습니다. 형제를 사랑한다고 하면서 "누가 이 세상 재물을 가지고 형제의 궁핍함을 보고도 도와줄 마음을 막으면……", 이것은 "말과 혀로만 사랑"하는 것이고 "행함과 진실함으로" 사랑하는 것이 아닙니다(요일 3:17-18).

헌금이 실제적으로 인간에게 유익을 준다는 것은 자명한 일이지만, 하나님의 자충족성 및 영적 존재 되심과 대조해 보면 그 실상이 더욱 확연히 드러납니다. 하나님께서는 자충족적이시기 때문에 헌금이나 제물이 필요하지 않지만, 인간은 상호의존적(inter-dependent) 존재라서 다른 이의 도움이 필요합니다. 또 하나님께서는 영적 존재시기 때문에 헌금이나 제물을 인간 식의 유익을 목적으로 취하시지 않지만, 인간은 영과 육을 동시에 갖춘 사회적 존재로서 재물이나 기타 재정적 필요가 충족되어야 생존과 활동을 보장받을 수 있습니다. 이처럼 헌금의 실제적 용도는 사람을 위한 것입니다.

그렇다면, 재정적 필요를 가진 핍절 대상은 누구일까요? 구약 시대에는 두 부류의 사람이 여기에 속했습니다. 한 부류는 사회적 이유 때문에 재정적 어려움을 겪는 이들로서 고아, 과부, 나그네가 대표적입니다(신 10:17-18). 또 한 부류는 종교적 이유 때문에 공동체의 도움을 필요로 하는 이들로서 곧 레위인들입니다. 그들은 제사장적 직무 수행을 위해 하나님께서 성별한 지파의 사람들이었으므로 다른 지파의 사람들과 달리 생계를 유지할 만한 토지와 재산이 결여되어 있었습니다(민 18:21-24). 이스라엘 백성은 각종 헌물과 제물을 통해 바로 이들을 재정적으로 도와야 했습니다.

이것은 신약 시대에도 해당됩니다. 첫째, 사회적·환경적 이유로 인해 재정적 곤란에 처한 이들을 공동체는 도와야 합니다. 바울이 연보 프로젝트를 통해 돕고자 하는 예루살렘 교회는 바로 이런 면에서 궁핍을 겪고 있었습니다. 초기에는 유무상통의 삶을 추구하던(행 4:32) 예루살렘 교회였지만, 점차 기본 자산이 고갈됨에 따라 재정적 궁핍을 겪었을 것이고, 이어 유대 전체에 흉년이 듦으로 말미암아(행 11:28) 곤란한 상태가 가중되었을 것입니다. 이처럼 여러 이유로 재정적 핍절을 겪고 있는 성도들을 위해 헌금이 필요합니다.

둘째, 신약 시대에 재정적 도움이 필요한 또 다른 대상은, 구약 시대와 마찬가지로 종교적인 이유 때문에 별도로 생계를 마련하지 않는(혹은 마련할 수 없는) 일꾼들입니다. 바울은 이들에 대해 "이와 같이 주께서도 복음 전하는 자들이 복음으로 말미암아 살리라[생계를 영위하리라] 명하셨느니라"(고전 9:14)라고 하였고, "일꾼이 그 삯을 받는 것이 마땅하다"(딤전 5:18; 참고. 눅 10:7)라고도 하였습니다. 오늘날로 말하면 '전임 사역자들'(full-time workers)―생계유지를 위한 별도의 직업을 포기한 채 목회 사역과 선교 사역에 몰두하는 이들―이 바로 이 부류에 해당합니다. 이들을 돕기 위해서는 재정적 후원이 요구되고, 헌금은 이런 목적을 이루어 갈 수 있는 가장 좋은 방식이라고 할 수 있습니다.

헌금, 언제 드리는가?

바울은 고린도전서 16장 2절에서 연보의 시기를 "매주일 첫날"이라고 밝히고 있습니다. 이것은 다른 본문에 "안식 후 첫날"(행 20:7), "주의 날"(계 1:10)로도 표기된 바, 주일을 가리킵니다. 그러면 왜 하필 주일에 헌금을 하도록 했을까요? 어떤 이들은 그날이 급료를 받는 날이었기 때문이라고 말합니다만, 받아들이기 힘든 견해입니다. 오히려 그것보다는, 초대 교회가 매주 첫날에 예배를 드리러 모였고, 모일 때 헌금을 바치도록 했다는 답변이 훨씬 더 타당하게 여겨집니다.

여기서 잠깐, 헌금 순서를 예배 의식 가운데 포함하게 된 역사적 발전 과정을 추적해 봅시다. 하나님께 바치는 헌물의 역사적 뿌리는 모세의 율법에 지시된 각종 제물의 규정에서 발견됩니다. 하나님께서는 이스라엘 백성들에게 번제(燔祭, burnt offering), 화목제(和睦祭, peace offering), 소제(素祭, cereal offering), 속죄제(贖罪祭, sin offering), 속건제(贖愆祭, guilt offering)를 명하였고, 이러한 제사는 짐승(소, 염소, 양), 새(비둘기), 곡물을 바침으로써 이루어졌습니다. 구약의 제물은 주로 속죄를 위한 목적으로 드려졌지만, 때로 감사와 헌신의 표시일 때도 있었습니다.

신약 시대의 제사는 구약과 비교해 볼 때 연속성도 있고 불연속성도 있습니다. 불연속적인 면은 속죄 목적의 제물 헌납이 영원한 제사를 드리신 예수 그리스도 한 분에 의해 종결되었다는 점입니다(엡 5:2; 히 7:27). 그러나 감사와 헌신을 표한다는 의미에서의 제사는 여전히 유효합니다(롬 12:1; 15:16; 빌 4:18; 히 13:15-16).

초대 교회는 이러한 성경의 내용을 기초로 하여 헌물에 관한 가르침을 예배 가운데 포함시키고자 애썼습니다. 헌물이 교회의 의식과 연관을 맺게 된 것은 서로 다른 두 가지 목적이 있는데, 하나는 봉헌(offertory)을 위한 것이고, 또 하나는 구제(almsgiving)를 위한 것입니다. 봉헌은 하나님께 감사와 헌신을 표현하는 의미에서 떡, 포도주 및 기타 예물을 바치는 것을 가리키고, 구제는 가난한 이들을 돕기 위해 드리는 헌물을 말합니다.

원래 헌금은 예배 순서에 속하지 않았고, 구제 역시 예배와 무관하게 이루어져 왔습니다. 그러다가 4세기경부터 성찬에 사용되는 떡과 포도주 및 기타 필요한 것들을 예배 시간에 바치게 되었는데, 이때 헌금 또한 봉헌의 한 요소로 등장하여 예전적 의미를 획득했습니다. 그러다가 11세기에 이르러서는 헌금만을 봉헌하는 일이 일반화되었고, 이로써 헌금이 완전히 예배의 한 순서가 되었습니다. 가난한 이들을 위한 연보 역시 예배와 무관하게 드려오다가, 교회의 예전적 발전과 더불어 예배 순서의 하나로 병입(倂入)된 것 같습니다. 헌금은 하나님께 대한 헌신과 가난한 이웃에 대한 사랑을 표시하는 수단이었고, 결국 예배의 정규 순서로 자리매김을 하게 된 것입니다.

헌금, 누가 드리는가?

그렇다면, 헌금은 누가 드려야 하는 걸까요? 바울은 "너희 각 사람"(고전 16:2)이라는 표현을 씀으로써, 그리스도인이면 누구나 다 헌금에 참여해야 한다는 사실을 강력히 암시하고 있습니다. 헌금이 모든 그리스도인들의 책임이라고 말하는 데는, 네 가지 근거가 있습니다. 이 가운데 둘째와 셋째는 앞에서 설명한 논점과 중복되는 면이 없지 않지만, 내용의 명확성을 위해 다시금 짚고 넘어가고자 합니다.

모든 그리스도인이 헌금을 해야 하는 첫째 이유는 성경이 헌금을 명령하고 있기 때문입니다(고전 16:1-2). 특별한 이유가 없는 한 모든 그리스도인들은 헌금에 참여해야 합니다.

둘째, 하나님께 은혜를 입지 않은 존재는 없으므로 그 은혜에 보답하는 재정적 반응이 필요합니다. 우리가 하나님께 은혜를 입은 것은 두 가지 면에서입니다. 우선, 창조의 관점에서 볼 때 은혜를 입었습니다. 하나님께서는 만물을 지으시고 다스리시는 분입니다. 바로 그 가운데 우리 자신도 포함되어 있습니다. 따라서 천지에 있는 것 중 하나님의 소유가 아닌 것은 없습니다(대상 29:11; 시 24:1; 고전 8:6). 그리고 속죄의 관점에서 볼 때도 우리는 은혜를 입었습니다. 하나님께서는 그리스도의 피 값을 지불하고 우리를 그분의 백성으로 사셨습니다(행 20:28; 고전 6:19-20; 히 9:14; 계 1:5-6). 이렇게 우리는 하나님의 은혜를 입어 이중적으로 그분의 소유가 되었기 때문에, 어떤 방식으로든 그 은혜에 보답하는 것이 마땅합니다. 그런데 그러한 보답 방식 가운데 하나가 바로 재물을 드리는 일입니다.

셋째, 그리스도인이라면 누구나 가까운 형제자매는 물론 이웃까지 사랑해야 하는데, 그러한 사랑을 표시하는 주도적 방식이 헌금입니다. 재정적·물질적 도움이 필요한 대상에게는 그 부족함을 채워 주는 것이 사랑입니다(눅 10:29-37; 요일 3:17). 공동체의 삶과 관련하여 나눠 줌에 대한 실례나 권면이 항시 등장하는 것(행 2:44-45; 4:32; 11:29-30; 고후 8:3-5; 갈 6:6; 딤전 6:17-18; 히 13:16)도 비슷한 이치입니다.

넷째, 헌금은 자기 자신의 신앙적 성숙을 위해서도 필요합니다. 물론 이 이유만 가지고 헌금하는 것은 이기적인 일이므로 바람직하지 않습니다. 그러나 앞에서 제시한 세 가지 근거가 전제된다면, 이 넷째 항목도 헌금의 타당한 목적이 될 것입니다. 그리스도

인의 성숙과 발전은 결코 이론적인 차원에서나 도덕적 진공 상태
(moral vacuum)에서는 이루어지지 않습니다. 다시 말해서, 우리
가 진정 하나님 앞에서 영적 진보를 꾀한다면, 구체적이고 실제
적인 면에서 헌신에의 훈련을 감행해야 한다는 것입니다. 시간을
내어 하나님과 사람을 섬기는 것, 자신의 재능과 은사를 기꺼이
사용함으로써 공동체와 소속된 이들에게 유익을 끼치는 것 등이
그 예입니다. 마찬가지로 우리가 형제자매들의 어려움과 공동체
의 필요를 돕기 위하여 자신의 재물과 물질을 과감히 헌납할 때,
우리의 신앙이 자라게 됩니다.

이상의 네 가지 근거에서 알 수 있듯이 헌금은 모든 그리스도인
의 책임입니다.

헌금, 얼마나 드려야 하는가?

이제 우리는 상당히 실제적인 질문에 다다랐습니다. 헌금에 대
한 우리의 입장—부정적 회피든 실용주의적 열성이든—은 주로
이 문제에 봉착하면서 결정되는 수가 많습니다. 그러나 헌금에
대해 얘기하고 있는 고린도전서 16장 1-2절 말씀에는 이 점과 관
련하여 "이(利)를 얻은 대로"(2절)라며 일반적 원칙만 언급할 뿐,
우리가 궁금히 여기는 사항들— '이' (利)는 경제적 활동의 결과만을
의미하는가? 경제적으로 독립하지 않은 이에게는 '이' 가 무엇을 의
미하는가? '이' 를 계산할 때 어떤 항목들이 포함되는가? 얻은 '이'
가운데 얼마나 많은 양을 헌금으로 드려야 하는가? 주일 예배 때 드
리는 것만이 헌금인가? 등등—에 대해서는 구체적으로 밝히고 있

지 않습니다.

그럼에도 불구하고 다음의 두 가지 사항만큼은 주장할 수 있습니다. 첫째, 헌금의 원천이 광범위하다는 것, 다시 말해 어떤 종류의 소득이든 헌금의 근거로 간주할 수 있다는 것입니다. 이 점을 이해하기 위해서는 '이'(利)의 의미에 대한 탐구가 필요합니다. '이를 얻다'의 희랍어 단어 유오도오(εὐοδόω)를 분석하면 유(εὐ, 좋은)와 호도스(ὁδός, 여행)로 나누어지는데, 동사형의 경우 '좋은 여행을 허락하다'(give a prosperous journey), '번영하다'(prosper)라는 뜻입니다. 이 말을 우리가 이해하기 쉽도록 번역하면, '재물이 생기다' '수입이 발생하다' 정도로 바꿀 수 있습니다. 따라서 이 개념은 경제 행위에 의한 이윤 증대(협의의 의미)만을 의미하지 않고 그 이외의 어떤 경로를 통해서든지 획득한 경제적 소득의 항목(광의의 의미) 전부를 포함한다고 하겠습니다. 따라서 독립적으로 경제생활을 영위하는 직업인들의 월급이나 각종 상여금뿐만 아니라 학생들의 장학금 및 아르바이트 수입, 아이들이 부모에게서 받은 용돈까지도 "이를 얻은 것"으로 분류할 수 있을 것입니다.

둘째, 헌금을 계획성 있게 준비해야 한다는 것입니다. 고린도전서 16장 2절에서 '저축'을 권면하는 것은 바로 이 점의 중요성을 시사하는 바입니다. 우리의 헌금은 즉흥, 변덕, 무계획 등에 기초할 것이 아니라 심사숙고, 헌신, 결단, 계획성에 기초해야 합니다. 또 헌금은 삶에 기초를 두고 삶 가운데서 준비해야 하며 개인의 재정 방침과 예산을 좇아 합리적으로 이루어져야 합니다.

미국의 어떤 교파는, 각 교회가 예산을 수립하여 총액이 산출되면 그것을 등록 교인 수에 따라 나누고 그 해당 액수를 각 가정이 충당하는 식으로 재정 정책을 세워 공동체에 소속된 이들은 누구나 자기 나름대로 재정적 책임을 맡아 부과된 액수를 열심히 헌납하도록 하고 있습니다. 그렇기 때문에 어떤 교우가 여행 등 피치 못할 사정으로 몇 주간에 걸쳐 주일 예배에 빠진다 해도 교회에는 재정적 문제가 전혀 야기되지 않습니다. 목회자들이 교우들의 주일 예배 결석에 신경을 쓰는 이유 가운데 헌금의 '유출' 현상을 막으려는 의도가 있음을 고려할 때, 이렇게 계획된 헌금 방침은 매우 지혜롭고 합리적이라고 생각됩니다.

이상의 두 가지 설명이 유익할지는 몰라도, "헌금을 얼마나 드려야 하는가?"에서 '얼마나'의 문제를 해결하는 데는 별 도움이 되지 않습니다. 그래서 자기의 수입원 가운데 어느 정도를 헌금해야 하느냐의 문제는 아직도 해결되지 않은 채 남아 있습니다. 어떤 분들은 이 시점에서 하나의 방안으로서 '십일조'를 제시할 것입니다. 상당히 적실한 제안입니다(저는 여기서 십일조의 성경적 타당성 문제를 거론하지 않겠습니다. 그것만을 다루는 데도 많은 지면이 필요하기 때문입니다. 개인의 입장이 어떻든 한 가지 확실한 것은 수입의 10분의 1이라는 기준은 '얼마나?' 라는 질문에 하나의 지침이 될 수 있다는 것입니다).

그러나 수입의 10분의 1이라는 기준은 탄력성 있게 적용해야 합니다. 이와 관련하여 저는 전부터 늘 주장해 오던 대로 3단계 접근을 추천하는 바입니다. 첫 단계는 아직 신앙이 뚜렷이 확립되지 않고 영적으로 암중모색하는 이들을 대상으로 합니다. 이때 목회자는 10분의 1이라는 기준을 내세우기보다(혹 10분의 1의 기준을 설명하더라도 그것에 대해 강요하듯이 주장하지 않는 것이 좋습니

다) 우리가 하나님의 은혜를 입은 자들로서 어떤 식으로든(아무리 작더라도) 헌금을 해야 한다는 당위성을 각인시켜 주는 것이 좋습니다.

둘째 단계는 어느 정도 신앙이 확립되고 하나님의 뜻에 대한 내면적 순종의 기틀이 마련된 이들에 대해서입니다. 목회자는 헌금의 액수에 대해 이들이 먼저 질문을 해 오든지, 아니면 재물의 청지기 직분에 대한 교육이 필요해서 목회자 편에서 먼저 설명을 하든지 간에 수입이 있을 때마다 그 10분의 1은 아예 신앙 공동체를 위한 헌금으로 떼어 놓아야 한다는 것을 확실히 밝혀야 합니다.

그러나 성숙한 헌금 생활은 여기서 끝나지 않습니다. 아직 셋째 단계가 남아 있습니다. 셋째 단계는 수입에 대한 비율과 관련해 10분의 1 이상을 하나님께 바치는 것입니다. 신앙 공동체와 세상은 항시 도움의 손길을 기다리고 있고, 효과적인 재물 사용을 통해 하나님 나라가 확장되기 때문에, 가능하면 많은 금액을 바치는 것이 바람직합니다. 헌금의 정도는 개인의 신앙과 결심 등에 따라 달라질 것입니다. 하나님께 기꺼이 드리는 것이 전제된다면 헌금 비율이 수입의 15퍼센트든, 20퍼센트든, 아니면 50퍼센트든 무엇이 문제겠습니까?

물론 이러한 헌금 방식은 누가 강요해서 할 수 없이 채택하는 것도 아니고, 이렇게 안 한다고 해서 우리를 비난할 사람도 없습니다. 헌금은 순전히 자발적인 것으로서, 누군가의 인정과 칭찬을 듣기 위해 마지못해 하는 위선 및 체면의 동기와는 아무런 상관이 없습니다. 단지 하나님을 기쁘시게 하고 이웃을 돕고자 하는 마음으로부터 나온 바입니다.

한국 교회 헌금, 무엇이 문제인가?

헌금이 이토록 중요하고, 헌금의 의미가 잘 살아날 경우 하나님께 대한 예배 정신과 제대로 맞아떨어질 수 있음에도 불구하고, 오늘날 우리가 목격하는 것은 부당한 규격화와 인위적 안전장치 투성이임을 고백하지 않을 수 없습니다.

그 중에서도 가장 바람직하지 않은 일은 헌금자를 공적으로 노출시키는 일이 아닌가 싶습니다. 우선, 예배 시간에 헌금자의 이름을 일일이 들어가며 기도해 주는 경우가 있습니다. 목회자가 개개인의 신앙적 성숙—헌금 면에서—을 기억한다는 점이나 개개인을 위해 하나님께 기도한다는 점에서는 이러한 태도가 바람직하다고도 할 수 있습니다. 그러나 신앙적 성숙의 모습 가운데 왜 하필 재정적인 면만을 그토록 부각시켜야 하는지 의아심이 생깁니다. 또 교우들 한 명 한 명을 위한 하나님 앞에서의 감사와 간구가 필요하다는 것까지는 이해하겠는데, 왜 꼭 그런 기도를 공적 예배에서 드려야 하는지, 왜 꼭 남들의 시선과 주목을 끄는 가운데 드려야 하는지는 잘 납득이 가지 않습니다.

더욱 받아들이기 힘든 일은 주보의 광고란에 빽빽이 헌금자의 이름을 공개하는 일입니다. 심지어 어떤 경우에는 명단 옆에 일일이 헌금액을 적기도 합니다. 어떤 목회자는 그렇게 해야 헌금의 납부 및 기록과 관련해 헌금자 편에서 착오 여부를 확인할 수 있기 때문이라면서 어쩐지 궁색한 답변을 내놓습니다. 그러나 정말 계산 및 기록 착오에 대한 염려 때문이라면, 얼마든지 다른 방식으로도 확인할 수 있을 것입니다. 헌금자가 헌금 처리를 맡은 제직에게 찾아가 개인적으로 확인할 수도 있고, 교우들 개개인에게 정기적으로 회계 보고를 함으로써도 얼마든지 가능합니다. 그런데 왜, 누가 얼마씩 헌금했는지를 다 볼 수 있도록 공개적으로 수록해 놓았느냐 하는 것입니다.

마태복음 6장 3-4절에서 볼 수 있듯이 구제―오늘날의 헌금과 똑같진 않지만 목적상 유사하다고 볼 때―할 때에는 오른손이 하는 것을 왼손이 모르게 하라고 했습니다. 그러나 저는 오늘날 많은 교회들이 교인들에게 체면이나 위신(威信)의 측면에서 압박을 주기 위해 헌금자를 공적으로 노출하고 있다고 봅니다. 아무개가 이런 정도까지 헌금을 하고 있으니 다른 사람들도 그렇게 해야 마땅하지 않느냐는 점잖은 으름장이라고나 할까요? 물론 이런 외적 압박 요인도 개인의 헌금 생활을 자극·촉진하는 하나의 방식이 될 수 있습니다. 또 신앙생활을 처음 시작하는 분이나 미성숙한 신자들의 경우에는 어느 정도의 외적 자극이 훌륭한 방책이 될 수도 있습니다. 이것은 재정적 헌신에서도 마찬가지입니다. 그러나 문제는 이러한 방식이 표준화되고 영속화되어 아예 신앙의 기본 도리인 양 사람들의 마음에 각인이 되고 만다는 점입니다. 어느 정도 시간이 지나면 지날수록 더 고상한 동기―하나님의 영광과 이웃에 대한 봉사―에 자극을 받아 하나님께 헌물을 드려야 하는 법이겠건만, 교회가 헌금과 관련하여 저급한 수준의 동기 유발 방식만을 고집하기 때문에 그리스도인들은 점차 형식주의적이고 율법주의적인 경향을 띠게 되는 것입니다.

전에는 그리스도인으로 지내다가 현재는 교회에 출석하지 않는 이들 가운데 상당수는 바로 이런 식의 강요된(?) 헌금 때문에 상처를 입고 실족한 경우입니다. 교회와 목회자를 비난하는 이들—그가 무슨 일을 하고 어떤 지위에 있든 간에—이 가장 빈번히 들먹이는 것도 바로 헌금 문제입니다. 목표와 동기가 건전해 보이지 않는 헌금 강조 설교, (이제는 전에 비해 많이 줄어든 현상이기는 하지만) 목회자 본인이 말하기 곤란하다고 느낄 때 부흥사나 강사를 초청하여 헌금을 종용하는 행위, 헌금에 대한 하나님 편에서의 보상을 강조한 나머지 성경적 복 개념을 의도적·우발적으로 왜곡하는 일, 직분의 수여와 헌금액 사이에 존재하는 긴밀한 상관관계, 헌금 면에서 크게 기여한 이들의 고답적이고 공로주의적인 자세, 때로 목회자 편에서 이들을 특권층으로 여기는 비굴한 모습 등등 삼척동자라도 금방 알아챌 안타까운 일들이 헌금과 연관하여 진행되어 왔습니다.

헌금과 관련한 우리의 자세

어떻게 하면 그리스도의 몸 된 교회—하나님의 영광을 드러내야 하고 완성될 천국의 아름다움을 앞당겨서 실현해야 할 믿음의 공동체—가 이런 문제들을 극복하고 성숙의 자리로 나아갈 수 있을까요? 사실 이 문제가 해결되지 않는다면, 우리가 아무리 주일 예배 때의 헌금이 신령과 진리의 예배 정신으로 드려지기를 염원한다고 해도, 그것은 자가당착이 되고 말 것입니다. 다음에서는 헌금과 관련한 평소의 자세를 교우들과 목회자들로 나누어 설명하겠습니다.

교우들

이미 앞('헌금, 누구에게 드리는 것인가?' 및 '헌금, 누가 드리는가?')에서 자세히 설명했듯이, 교우들은 헌금의 중요성과 목적에 대해 가슴 깊이 새기고 있어야 합니다. 만일 이런 면에서 신앙적 훈련을 게을리 한다든지 교묘히 회피하고자 한다면 영적 성숙은 결코 이루어지지 않을 것입니다. 또 헌금의 정도와 관련하여 3단계 방식('헌금, 얼마나 드려야 하는가?' 참고)을 채택하는 것이 필요합니다. 적어도 이 책을 읽을 정도의 그리스도인이라면 2단계와 3단계의 시행자가 되어야 할 것입니다.

목회자들

헌금의 올바른 정신을 회복하는 데는, 뭐니 뭐니 해도 목회자의 역할이 매우 중요합니다. 헌금과 관련하여 목회자의 역할을 정리하면 다음과 같습니다.

첫째, 가능하면 목회자는 교우들 각자의 헌금 상황에 대해 지나친 호기심과 집착을 버려야 합니다. 그렇다고 해서 교우들의 신앙적 성숙—여기에는 헌금생활도 포함되는데—을 도외시하라는 말은 아닙니다. 단지 목회자가 교회의 재정 상태에 대한 과도한 책임 의식에 짓눌려 재정이나 헌금과 연관된 사안들에 과민 반응을 하고, 걱정과 푸념을 일삼으며, 자족과 의연의 모습은커녕 오히려 유치한 욕심과 천박한 만족으로 일관할까 봐 걱정이 된다는 말입니다. 저는 이 면에서는 미국 교회가 좋은 모범이 된다고 생각하는데, 대부분의 미국 교회에서는 목회자가 재정 관리와 집행에 관여하지 않습니다. 그들은 목양과 말씀 사역에 전념하고, 재

정과 관계된 사항은 다른 직분자들(장로 및 집사)의 몫으로 되어
있습니다. 우리나라의 모든 교회가 당장 한꺼번에 이렇게 바뀌기
는 힘들겠지만, 종국에는 이런 방침을 취해야 하며, 또 이를 위해
서서히 이러한 식의 재정 관리 쪽으로 방향 전환을 시도해야 할
것입니다.

둘째, 필요 시에 목회자는 설교, 강의, 제자 훈련 등을 통해 헌
금의 중요성과 실행 방침을 교우들에게 주지시켜야 합니다. 평소
에 교우들이 목회자에 대해서 존경과 신뢰의 마음을 가지고 있다
면(예를 들어, 첫째 항목에서 언급한 대로 목회자의 태도가 의연하고 자
족의 모습을 견지하고 있다면), 그들은 재물과 관련한 청지기적 자
세의 가르침에 대해서 긍정적이고 적극적으로 반응할 것입니다.

셋째, 목회자는 헌금을 갹출하고 모금할 때, 인위적 책략을 줄
이도록 힘써야 합니다. 헌금에 관한 청지기적 자세에 대해 교우
들에게 교육과 훈련은 하되, 구체적인 결정은 교우들이 하나님
앞에서 자발적으로 할 수 있도록 기회를 베풀어야 합니다. 교우
들이 체면 · 위신에 의한 외적 압박 때문에 헌금하지 않도록, 누
군가가 감시하고 통제하기 때문에 반강제적으로 할 수 없이 헌금
하지 않도록 그들에게 자유를 주고 풀어 줄 필요가 있습니다(비록
이런 자유를 자기합리화나 이기적 목적에 충당하는 교우들이 있더라도,
그것 때문에 과거의 정책으로 되돌아가자고 고집하는 일은 결코 현명한
처사가 아닙니다).

목회자는 이러한 일련의 조치를, 자기 자신 역시 더욱 하나님을
의지하고 하나님만을 올려다보는 훈련의 기회로 삼아야 합니다.
걱정과 염려보다는 감사와 간구로써 교회의 재정 문제에 임해야

합니다. 재정과 관련한 어두운 만족을 꿈꾸기보다는 늘 하나님 앞에 자족하는 순수한 자세를 갖도록 자기 점검의 채찍질을 아끼지 말아야 할 것입니다.

넷째, 헌금과 관련하여 목회자는 자신의 마음속에 거룩한 열망과 염원이 형성되도록 해야 합니다. 헌금 제도를 통해 그리스도께 영광이 돌아가고, 하나님을 기쁘시게 하며, 신앙 공동체를 구성하는 교우들 사이에 거룩한 교제와 사랑이 넘치기를 바라는 마음이 바로 그것입니다. 신앙 공동체인 교회는 재정의 모금과 사용 면에서도 이 세상과 다른, 실로 높은 수준의 윤리 의식을 반영할 수 있어야 할 터인데, 바로 이러한 성숙의 모습을 마음 깊은 곳으로부터 열망해야 한다는 것입니다.

헌금과 예배 정신

그리스도인의 공동체가—목회자나 교우들이나 모두—앞에서 설명한 이러한 자세를 함양하고 있을 때에야, 비로소 예배 시의 헌금 순서는 신령과 진리로 드리는 예배 정신에 부합될 수 있습니다. 헌금을 드릴 때 우리는 다음과 같은 참마음의 토로가 있어야 합니다.

- 주여, 주께 감사하며 주의 은혜에 대한 보답으로 이 헌물을
  바치나이다!
- 주여, 헌물은 실상 나 자신을 당신께 드린다는 표시이오니,
  이 헌물을 통해서 이 죄인을 제물로 받아 주소서!

－주여, 이 헌물을 당신께서 향기로운 제물로 받으셨사오니 이
재물이 사용될 때마다 구체적으로 우리 교우들 사이에
사랑이 더 풍성하게 되고, 공동체의 유익과 성도들의
필요를 충당하는 일이 일어나게 하소서!

이러한 마음이 동반될 때 우리의 헌금 순서는 실로 하나님을 신령과 진리로 예배하도록 자극할 것이며 생동적인 예배가 될 것입니다.

송인규의 Think and Act

1. 헌금을 하는 목적은 '하나님 사랑'과 '이웃 사랑'을 실천하기 위해서입니다. 언제, 누가, 얼마나 헌금을 드려야 하는지 성경에 비추어서 생각해 봅시다.

2. 한국 교회가 헌금과 관련하여 여러 문제—헌금자와 헌금액을 공개하여 다른 성도들에게 헌금을 강요하는 일, 필요한 재정을 메우기 위해 부흥사나 특별강사를 초빙하여 헌금을 종용하는 일, 헌금에 대한 하나님 편에서의 보상을 강조한 나머지 성경적 복 개념을 의도적·우발적으로 왜곡하는 일, 직분 수여와 헌금액 사이에 존재하는 긴장관계 등—를 안고 있는 것이 현실입니다. 이런 문제들을 극복하기 위해 우리가 취할 수 있는 방안은 무엇일까요?

3. 당신은 헌금을 어떤 마음으로 드리고 있습니까? 당신의 헌금이 예배 정신과 일치하기 위하여 스스로 노력해야 할 바는 무엇입니까?

7

성례

영적 유익의 통로

41 그 말을 받는 사람들은 세례를 받으매 이날에 제자의 수가 삼천이나 더하더라.
42 저희가 사도의 가르침을 받아 서로 교제하며 떡을 떼며 기도하기를 전혀 힘쓰니라.

7장에서는 성례란 무엇이며, 신령과 진리로 드리는 예배와 성
례가 어떤 관련이 있는지 살펴보겠습니다.

'성례'의 의미와 수효

성례란?

'성례'(聖禮)라는 뜻의 영어 단어 'sacrament'는 라틴어 '사크
라멘툼'(sacramentum)에서 유래한 것으로서 희랍어 '무스테리
온'($\mu\upsilon\sigma\tau\acute{\eta}\rho\iota o\upsilon$)의 번역어입니다. '무스테리온'은 무엇이든 감추어
져 있거나 비밀스런 것을 가리키는 말인데, 신약 특히 바울 서신
에서는 계시를 통해 알려진 비밀—하나님의 구원 계획(엡 6:19), 그
리스도 중심적 영적 실상(골 1:27) 등—을 의미합니다. 그 후 성경
이후 시대(post-Biblical era)에는 세례나 성찬 등의 의식을 가리

켜 무스테리온이라 했고, 이것을 라틴어 성경(Vulgate)에서 사크라멘툼으로 번역함으로써 사크라멘툼은 그런 의식들을 지칭하는 단어로 자리 잡게 되었습니다. 어의적으로 볼 때 사크라멘툼은 '사크라레'(sacrare, hollow, 거룩하게 하다)나 '사케르'(sacer, sacred, 신성한)로부터 발전했습니다.

사크라멘툼은 원래 로마 사회에서 두 가지 의미로 사용되고 있었습니다. 첫째, 법적 소송에 연관된 양편이 공적 진행 과정 가운데 맡겨 놓았다가 패소할 경우 종교적 목적을 위해 박탈되는 담보물을 가리켰습니다. 둘째, 로마 군인이 황제에게 하는 맹세를 가리켰습니다. 그러나 그 의미가 점차 확대되어 어떤 맹세에 대해서든 사크라멘툼을 사용했습니다. 이러한 두 의미가 결합되어, 후에는 맹세를 포함하는 어떤 종교 의식이든 사크라멘툼이라고 부르게 되었습니다. 그러다가 라틴어 성경이 등장할 쯤에는, 희랍어 무스테리온에 해당하는 말로서 사크라멘툼보다 더 합당한 단어가 없게 되었습니다.

옥스퍼드 영어사전은 '성례'를, "참여자에게 영적 은혜를 분여하는 것으로 혹은 영적 유익을 가진 것으로 간주되는 종교 의식이나 행위"(A religious ceremony or act regarded as imparting spiritual grace to the participants or having spiritual benefits)라고 정의하고 있습니다. 성례는 외형적이고 가시적인 표지(sign)로서 내면적이고 영적인 은혜를 나타내는 의식입니다. 예배 시에 성례라는 의식을 행함으로써 그리스도인들은 외적 표지를 통한 내적 의미에 참여하는 것입니다. 이상의 설명에 의거할 때, 성례에는 다음의 세 가지 요소가 드러남을 알 수 있습니다.

−외적 표지: 물, 떡, 포도주, 의식(儀式).

−내적 의미: 하나님이 베푸시는 은혜.

−둘 사이의 결합: 그리스도인이 믿음을 발휘할 때 외적 표지
를 통해 내적 의미를 경험하게 됨.

어디까지 성례인가?

그렇다면 어떤 종류의 의식이 성례에 해당할까요? 이에 대한 답변은 교회의 전통에 따라 크게 두 가지로 대별됩니다.

먼저 로마 가톨릭 교회와 희랍 정교회에서는 성례에 일곱 가지 종류, 즉 칠성사(七聖事)가 있다고 주장합니다.

1. 영세(領洗聖事, baptism): 영혼이 중생하는 일(참고. 요 3:5).

2. 견진(堅振聖事, confirmation): 중생한 영혼이 성령을 받는
   것(참고. 행 8:17; 14:22; 19:6; 히 6:2).

3. 성체(聖體聖事, the Eucharist): 성병(聖餠), 성혈(聖血)에 참여
   해 그리스도의 몸과 피를 받음(참고. 요 6:53-56; 고전 11:23-
   26).

4. 고해(告解聖事, penance): 영세 이후 지은 죄를 용서받음(참
   고. 약 5:16).

5. 종부(終傳聖事, extreme unction): 죽음에 대비해 남은 모든
   죄에서 정결하게 됨(참고. 막 6:13; 약 5:14).

6. 신품(神品聖事, ordination): 직분자에 대한 임명(참고. 딤전
   4:14; 딤후 1:6).

7. 혼배(婚配聖事, matrimony): 결혼 의식(참고. 엡 5:32).

그러나 대부분의 개신교에서는 '세례'와 '성찬' —위의 '영세'와 '견진'에 해당—만을 온당한 성례로 인정합니다. 그 이유는 이 두 가지만이 주님께서 직접 제정하신 것이기 때문입니다. 우선 세례에 대한 명령을 봅시다.

> 그러므로 너희는 가서 모든 족속으로 제자를 삼아 **아버지와 아들과 성령의 이름으로 세례를 주고.** (마 28:19)

성찬에 대한 내용은 다음과 같습니다.

> 저희가 먹을 때에 예수께서 **떡을 가지사** 축복하시고 떼어 제자들을 주시며 가라사대, **"받아먹으라. 이것이 내 몸이니라"** 하시고 또 잔을 가지사 사례하시고 저희에게 주시며 가라사대, **"너희가 다 이것을 마시라. 이것은 죄 사함을 얻게 하려고 많은 사람을 위하여 흘리는바 나의 피 곧 언약의 피니라."** (마 26:26-28)

위의 두 가지 성례 내용이 예루살렘 교회가 처음 출발할 당시에도 기록되어 있습니다.

> 그 말을 받는 사람들은 **세례를 받으매** 이날에 제자의 수가 삼천이나 더하더라. 저희가 사도의 가르침을 받아 서로 교제하며 **떡을 떼며** 기도하기를 전혀 힘쓰니라. (행 2:41-42)

영국 성공회의 경우에는 중간 입장을 취하여 성례의 전체 수효는 일곱 가지로 보되, '세례'와 '성찬'만 그리스도께서 제정하신 것으로 인정하고 나머지 다섯 가지는 '교회의 성례'(sacraments of the church)라고 합니다.

성례 1. 세례

세례의 역사적 배경

세례가 그리스도인의 성례 의식으로 자리 잡게 된 데는 다음 네 가지 역사적 요인이 있습니다. 첫째, 할례(circumcision)입니다. 할례는 남성의 성기 끝에 있는 표피(foreskin)를 난 지 팔일 만에 제거하는 의식(창 17:12; 레 12:3)으로서, 그 사람이 언약 공동체에 포함된다는 외적 표시였습니다.

둘째, 율법에 규정된 의식적 세척 행위(ritual washing)입니다. 유대인들은 시체, 피, 무덤, 부정한 짐승 등과의 접촉에 의해 의식적으로 부정하게 될(ceremonially unclean) 때 물로 온몸을 씻어야 했습니다(참고. 레 15:28-30). 이는 하나님과의 깨진 관계를 다시금 정립할 수 있도록 하기 위함이었습니다.

셋째, 이방인이 입교할 때 요구되는 침수식(浸水式, immersion)도 한몫 했을 것입니다. 이방인이 유대교에 입교하려면, 서기관에 의한 교훈, 할례, 침수식, 짐승 제사, 이 네 가지가 필요했습니다. 그 가운데 침수식은 입교자가 새로운 신분으로 거듭났음을 상징했습니다.

넷째, 세례 요한이 베푼 회개의 세례(baptism of repentance)가 있습니다. 이것은 메시아의 오심을 준비한다는 의미에서 죄를 회개하고 사죄를 받도록 하기 위해 베풀었습니다(막 1:4). 물론 이러한 세례 의식은 한시적(限時的)으로만 시행되었습니다.

이상의 네 가지 의식은 기독교적 세례가 있기 전에 존재하던 바로서, 그들 사이에는 어느 정도의 형식적 유사성이 존재합니다. 그렇다고 하여 기독교의 세례가 그 어느 것에 의해 결정적인 영향을 입었다는 말은 아닙니다. 단지 할례의 경우에는 언약의 관점에서 볼 때 연속성을 거론할 수 있을 것입니다(골 2:11-12).

세례의 의미

신약성경에 나타난 세례의 의미는 크게 세 가지로 정리됩니다. 첫째, 세례는 삼위 하나님의 소유가 되어 하나님과의 생명에 참여한다는 의미가 있습니다.

> 그러므로 너희는 가서 모든 족속으로 제자를 삼아 **아버지와 아들과 성령의 이름으로 세례를 주고.** (마 28:19)

위의 구절에서 '이름'은 복수형인 '이름들'이 아니라 '이름'으로서 성부, 성자, 성령의 한 분 되심을 나타내 주고 있습니다. 또 '이름으로'에서 '으로'는 '~속으로'(into)라는 의미를 가진 전치사입니다. 그래서 세례를 받는 이는 삼위 하나님 '속으로 들어가는', 즉 삼위 하나님의 소유가 되어 하나님과의 생명적 교제에 들어가는 것입니다.

둘째, 세례는 예수 그리스도와의 연합을 나타냅니다.

무릇 그리스도 예수와 합하여 세례를 받은 우리는 그의 죽으심과 합하여 세례 받은 줄을 알지 못하느뇨? 그러므로 우리가 그의 죽으심과 합하여 세례를 받음으로 그와 함께 장사되었나니 이는 아버지의 영광으로 말미암아 그리스도를 죽은 자 가운데서 살리심과 같이 우리로 또한 새 생명 가운데서 행하게 하려 함이니라. (롬 6:3-4)

너희가 세례로 그리스도와 함께 장사한 바 되고 또 죽은 자들 가운데서 그를 일으키신 하나님의 역사를 믿음으로 말미암아 그 안에서 함께 일으키심을 받았느니라. (골 2:12)

수세자(受洗者)의 참된 믿음이 전제될 경우, 세례는 그리스도와의 죽음, 장사 지냄, 부활에의 연합이라는 영적 실상을 나타냅니다.

셋째, 세례는 그리스도의 몸—교회—으로의 병입(incorporation)을 표시합니다.

우리가 유대인이나 헬라인이나 종이나 자유자나 다 한 성령으로 세례를 받아 한 몸이 되었고 또 다 한 성령을 마시게 하셨느니라. (고전 12:13)

누구든지 그리스도와 합하여 세례를 받은 자는 그리스도로 옷 입었느니라. 너희는 유대인이나 헬라인이나 종이나 자주자나 남자나 여자 없이 다 그리스도 예수 안에서 하나이니라. (갈 3:27-28)

세례를 받는 이들은 그들의 인종적·사회적·성적 신분과 무관하게 모두가 그리스도의 몸에 병입되고, 따라서 그리스도의 한 몸을 구성하게 되는 것입니다.

교회 의식과 예배 정신

오늘날 우리의 교회생활을 살펴보면 세례와 관련하여 네 가지 의식이 존재함을 알 수 있습니다.

첫째, '유아세례'(infant baptism)입니다. 유아세례의 정당성에 대해서는 찬반론이 팽팽히 맞서 왔습니다. 예를 들어, 침례교회는 '신자세례'(believer's baptism)—세례는 세수자 자신의 명확한 의식과 신앙적 결단에 따라서만 베풀 수 있다는 입장—를 근본으로 내세우기 때문에 유아세례를 반대합니다. 그러나 장로교회를 비롯한 그 이외의 교파에서는 대체로 유아세례를 인정하는 입장입니다. 그런데 유아세례를 반대하는 입장의 교회에서도 때로 '헌아식'(dedication ceremony)이라는 의식을 갖는데, 이는 그 아이를 선물로 주신 것에 대한 감사와 하나님께 바친다는 헌신을 표하기 위함입니다.

둘째, '입교'(confirmation)입니다. 가톨릭교에서는 이 의식을 '견진'(堅振)이라고 부르는데, 이것은 사제가 영세를 받은 아기에게 안수를 하고 성령을 받도록 도움으로써 그의 신앙을 견고히 한다는 뜻입니다. 이와 달리 종교개혁자들은 유아세례를 받은 아이가 한시 바삐 자신의 신앙을 공적으로 표명하는 기회를 마련하도록 하기 위해 입교라는 의식을 허락했습니다.

셋째, '학습'(catechumenate)입니다. 이것은 세례를 받기 전에 신앙의 기본 도리를 교육받도록 하는 의식입니다. 초대 교회의 경우에는 학습자가 거쳐야 할 신앙교육 단계가 매우 복잡하고 자세했지만, 유아세례가 보편화되면서부터는 상당히 간소화되었습니다. 그리고 본격적인 학습 교육은 오히려 유아세례를 받고 난 이후의 아동들에게 베풀어졌습니다. 물론 성인세례 대상자에게는 학습 단계가 세례를 받기에 앞서 여전히 중요한 예비 과정이 아닐 수 없습니다.

넷째, 세례 곧 '성인세례'(adult baptism) 의식입니다. 이것은 나이가 들어서 그리스도를 믿고 따르기로 결심한 이들에게 베풀어집니다.

위에서 살펴본 유아세례나 입교, 학습 및 성인 세례의 순서는 대부분의 경우 전시적(展示的)이고 행사적 성격이 강합니다. 사람들은 수세자를 앞에 놓고 참관하고 축하해 줍니다. 예배가 끝나자마자 꽃을 전달하고 사진을 찍기도 합니다. 우리는 이러한 공동체적 행사로 인해 흐뭇해하고 뿌듯해합니다. 그러나 여기에 문제가 따릅니다. 많은 경우 세례 의식 또한 성례의 일종임을 잊고 있다는 말입니다. 집례자, 수세자, 예배 참석자 모두는 하나님 앞에서 의식을 거행하고 집행하며 또 참관하는 것임을 기억해야 합니다.

그러므로 교우들은 세례와 연관된 의식을 참관하면서 시종일관 간구와 기도로써 마음의 끈을 조여야 합니다. 유아세례를 받는 아기들이 한시 바삐 구원의 은혜를 깨닫고 신앙적으로 성숙하기를 간원하며, 그들의 부모가 말씀과 인격적 영향과 올바른 가치관으로써 자녀들에게 모범을 보이도록 기구(祈求)하며 의식에 참여해야 할 것입니다. 입교한 아동들이 자기가 배우고 고백한 신앙 가운데 잘 성장하도록, 세상의 반역적 풍조와 소용돌이 속에서도 건강하고 튼튼한 그리스도인으로 우뚝 설 수 있게 해 달라고 기도하는 가운데 의식에 임해야 합니다. 학습을 받도록 공표된 대상자들이 지속적으로 말씀을 깨닫고 신앙의 도리를 터득하도록 간구해야 할 것이며, 세례 받은 성인들 역시 세례 의식이 상징하는 영적 실상―하나님과의 생명에 참여(마 28:19), 그리스도와의 연합(롬 6:3-4; 골 2:12), 그리스도의 몸에 병입됨(고전 12:13; 갈 3:27-28)―을 충분히 누리도록 진심으로 간원하는 자세가 요구됩니다.

성례 2. 성찬

성찬과 관계된 용어

세례와 달리 성찬과 관련해서는 다양한 용어가 존재합니다. 그 명칭을 정리하면 다음과 같습니다.

주의 만찬(Lord's Supper)

이것은 개신교인 사이에서 가장 많이 통용되는 용어입니다. 고린도전서 11장 20절에서 그 출처를 찾을 수 있습니다("그런즉 너희가 함께 모여서 **주의 만찬**을 먹을 수 없으니"). 이외에도 **주의 상**(床)(고전 10:21), **떡을 뗌**(행 2:42, 20:7)과 같은 용어를 성경에서 찾을 수 있습니다.

축사(祝謝, Eucharist)

‘유카리스트’는 ‘감사’라는 뜻의 희랍어 ‘유카리스티아’ (εὐχα-
ριστία)에서 유래한 말로서, 마태복음 26장 26, 27절 및 고린도전
서 11장 24절에 나타납니다. 이는 예수께서 최후의 만찬 때 떡과
잔을 나누기 전에 하나님께 감사하기 위해 사용한 말입니다. 개
역 한글판 성경에는 ‘축사’로 번역되어 있습니다.

‘성찬’을 유카리스트로 부르는 전통은 주로 서양 기독교―로마
가톨릭과 일부 개신교―에서 찾아볼 수 있습니다.

성찬(聖餐, Holy Communion)

한국의 그리스도인들이 즐겨 사용하는 단어 ‘성찬’은 영어의
‘Holy Communion’에서 비롯된 것으로 보입니다. 이는 성찬 의
식을 통해 하나님과 거룩하게 교통(交通)한다는 의미를 지니고 있
습니다. 우리나라의 로마 가톨릭과 개신교 모두는 공통적으로 이
용어를 사용하고 있습니다.

미사(Mass)

로마 가톨릭의 성찬 의식을 가리키는 말입니다. 미사를 의미하
는 영어 ‘매스’(Mass)는 라틴어 ‘미싸’(Missa)에서 왔고, 한국어
의 ‘미사’나 중국어의 ‘미살’(彌撒) 역시 라틴어를 음역(音譯)한
것이라고 할 수 있습니다. 라틴어 ‘Missa’는 동사 ‘미테레’
(Mittere)에서 파생되었는데, ‘보내다’ ‘떠나보내다’ ‘파견하다’
라는 뜻을 가지고 있습니다. 로마 시대 일반 사회에서는, 재판이
끝나든지 황제나 제후와의 알현이 끝날 때 ‘이테, 미싸 에스트’

(*Ite, Missa est* = Go, the service is finished)라는 표현을 즐겨 사용했습니다. 초기의 교회는 이런 습관을 받아들여 주님의 몸과 피를 기념하는 의식이 끝났음을 알리는 데 이 어구를 채택했고, 후에는 '*Missa*'라는 단어 하나로 이런 의미가 나타나도록 했습니다.

오늘날 미사는 로마 가톨릭 교회의 제사 의식을 가리키는 용어가 되었고, 미사의 핵심은 결국 성찬이지만 여기에 여러 가지 연관되는 순서들—회개, 성경 봉독, 찬양, 강론, 예물 봉헌, 성찬 기도 등—이 추가되었습니다.

성찬의 역사적 발전

성찬의 역사적 발전과정을 다음 몇 가지로 짚어 보겠습니다.

예수님 당시

예수 그리스도께서는 최후의 유월절 식사이자 최초의 성찬식에서 이렇게 말씀하셨습니다.

> 이르시되, "내가 고난을 받기 전에 너희와 함께 이 유월절 먹기를 원하고 원하였노라" …… 또 **떡을 가져 사례하시고 떼어** 저희에게 주시며 가라사대, "**이것은 너희를 위하여 주는 내 몸이라.** 너희가 이를 행하여 나를 기념하라" 하시고 저녁 먹은 후에 **잔도 이와 같이 하여** 가라사대, "**이 잔은 내 피로 세우는 새 언약이니 곧 너희를 위하여 붓는 것이라.**" (눅 22:15, 19-20)

이러한 의식은 초기 신앙 공동체에서도 여전히 지켜지고 있었습니다.

> 내가 너희에게 전한 것은 주께 받은 것이니 곧 주 예수께서 잡히시던 밤에 떡을 가지사 축사하시고 떼어 가라사대, **"이것은 너희를 위하는 내 몸이니 이것을 행하여 나를 기념하라"** 하시고 식후에 또한 이와 같이 잔을 가지시고 가라사대, **"이 잔은 내 피로 세운 새 언약이니 이것을 행하여 마실 때마다 나를 기념하라"** 하셨으니 너희가 이 떡을 먹으며 이 잔을 마실 때마다 주의 죽으심을 오실 때까지 전하는 것이니라. (고전 11:23-26)

초대 교회

초대 교회에서는 예수께서 제정하시고 명하신 바에 따라 성찬 의식을 의미 있게 지켰습니다. 그리스도인 공동체가 다 함께 모여 음식을 나누었는데, 이 당시에는 의식으로서의 '성찬'과 친교로서의 '애찬'(love feast/agape)이 분화되지 않았습니다. 또 음식을 나누는 시간도 저녁을 중심으로 이루어졌습니다. 바울이 드로아에서 떡을 뗀 후 강론이 밤중까지 지속되었다는 것(행 20:7)은, 이런 배경을 이해하면 쉽게 납득할 수 있습니다.

그러나 이런 식의 소박한 교제 형태는 오래가지 못했습니다. 적어도 네 가지 이유 때문에 그랬습니다. 첫째, 음식 및 공동 식사를 통하여 종교적 의미를 발현한다는 것이 이방의 환경에서는 여의치 않았습니다. 이방식 축제 분위기에 익숙해진 로마 사회에서는 사람들이 모여 먹고 마시면서 성찬이 갖는 영적 의미를 반영하기가 무척 힘들었던 것입니다.

둘째, 신앙 공동체 내부의 문제가 점점 악화되어 곪아 터졌기 때문입니다. 고린도 교회만 하더라도 이미 심각한 문제가 드러났습니다. 바울은 "저희의 모임이 유익이 못 되고 도리어 해로움이라"(고전 11:17)라고 꾸짖었는데, "이는 먹을 때에 각각 자기의 만찬을 먼저 갖다 먹음으로 어떤 이는 시장하고 어떤 이는 취했기"(고전 11:21) 때문이며, 또 저희가 "하나님의 교회를 업신여기고 빈궁한 자들을 부끄럽게 했기"(고전 11:22) 때문입니다. 이런 문제는 비단 고린도 지역만의 특수 상황이 아니라 로마 지역에 있는 대부분의 교회가 가지고 있는 문제였을 것입니다.

셋째, 이런 식의 거창한 공동 식사는 기독교의 실체를 원치 않게 노출시켰기 때문에 문제가 되었습니다. 당시 로마 사회는 여러 가지 비밀 결사나 협회 등과 같은 사적 조직을 규제했는데, 그들이 보기에는 기독교도 이런 비밀 조직 가운데 하나였습니다. 또 그런 이유 때문에 기독교는 심한 박해 상황에 처해 있었습니다. 만일 성찬을 만찬 식으로 계속 시행한다면 이는 고난과 역경을 자초하는 어리석기 짝이 없는 행동이었을 것입니다.

넷째, 교우들이 함께 식사를 하는 데에 필요한 물자를 조달하는 일 또한 만만치 않았을 것입니다. 그리스도인의 수가 적을 때는 이 점에 큰 어려움이 없었을 터이지만, 수가 늘어 가면서 필요한 음식의 양 또한 엄청나게 늘어났을 것입니다. 설령 필요한 만큼의 음식이 조달되었다 해도 음식 장만, 식사 준비, 배분 및 뒤처리 등도 보통 이상의 골칫거리였을 것입니다.

그리하여 이미 2세기 중엽까지는 성찬 의식에 극적 변화가 일어났습니다. 저스틴 마터(Justin Martyr, 약 100-165년)의 글을 살펴보면 크게 두 가지 면에서 변화가 있었음을 알 수 있습니다. 첫째, 성찬의 행위(떡과 포도주를 취함, 이것들에 대해 기도함, 떡을 뗌, 떡과 포도주를 배분함)가 공동 식사와 분리되었습니다. 둘째, 성찬 시간이 주일 저녁에서 이른 아침으로 옮겨졌고, 성찬 의식은 말씀과 기도 이후에 갖는 예전적 순서가 되었습니다.

중세 이후

성찬은 계속해서 기독 공동체의 핵심적 의식으로 부각되었는데 교회가 중세 초기쯤에 이르자 성찬과 관련하여 서로 다른 두 가지 양상을 강조하는 식이 되었습니다. 첫째, 이러한 공동 식사 사건(meal-event)을 그리스도의 임재를 경험하는 수단이라고 여기고 이를 강조했습니다. 그러나 둘째, 식사할 때 취하는 음식—곧 떡과 포도주 자체—을 그리스도께서 임재하시는 좌소(座所)로 여겨 이런 요소들에 대한 거룩한 봉헌 행위도 점점 강조했습니다. 특히 4세기에는 콘스탄틴 대제가 회심한 후 기독교를 국교로 선포했는데, 이것을 계기로 교회의 회원 수가 엄청나게 증가한 반면 지역 교회는 친밀한 공동체로서의 의식을 상실하게 되었습니다. 따라서 둘째 사항에 대한 강조가 더욱 기승을 부리게 되었던 것입니다.

새로운 신자의 유입은 다음과 같은 현상이 반영하듯이 성찬 의식에 부정적 영향을 끼쳤습니다. 많은 신자들은 신앙의 내용에 대해 극히 제한적으로만 이해하고 있었고 성찬과 관련해서도 미숙한 행동을 연출하곤 했는데, 이 때문에 성직자 계층에서는 성찬에 임할 때 합당한 마음 자세가 요구됨을 강조했습니다. 그러자 그들이 의도한 좀더 경건한 태도가 마련되기는커녕 오히려 신자들 편에서 자격지심이 생겨 아예 성찬을 멀리하게 되었습니다.

중세 말기에 이르러서는 대부분의 사람들이 일 년에 한두 번 정도만 성찬을 받았고, 성찬을 받지 않고 의식에 참여하는 일이 일상화되기도 했습니다. 그리하여 성찬은 원래처럼 단순히 식사—하늘의 음식이요 생명의 수단(참고. 요 6:51-58)—로 간주되기보다는 오히려 그 자체가 신앙적 헌신의 대상으로 격상되었습니다. 성찬식의 시각적 드라마화—떡과 포도주가 사제의 행위를 통하여 그리스도의 몸과 피가 된다는 식—로 말미암아 떡과 포도주가 멀리서 경배는 할지언정 가까이 나아갈 수는 없는 대상이 되고 말았습니다.

종교개혁 시대

종교개혁자들은 신약에 나타난 성찬의 의의를 회복하고자 노력하였습니다. 그리하여 떡과 포도주를 통해 그리스도께서 우리를 위해 돌아가신 것을 감사함으로 기념하는 일이 성찬의 핵심이라고 가르쳤습니다. 그리스도께서 어떤 식으로든 제물로 드려진다든지 떡과 포도주 자체에 무슨 변화가 생긴다든지 하는 주장에 대해서는 부정적 입장을 취했습니다. 또 합당한 마음 자세로 떡과 포도주를 받는 이들에게만 그리스도께서 임재하신다는 사실을 강조했습니다.

성찬과 그리스도의 임재

오늘날의 성찬의 의미에 대해서는 신학적 입장에 따라 크게 세
가지로 대별됩니다. 즉, 성찬 의식이 베풀어질 때 그리스도께서
어떻게 임재하신다고 생각하느냐에 따라 그 입장이 달라집니다.
저는 장로교 목사로서 세 번째 입장을 지지하지만, 기독교회 전
체의 입장을 파악하기 위해 세 가지 견해 모두를 소개합니다.

화체설(化體說, transubstantiation)

화체설은 로마 가톨릭의 공식 입장입니다. 이들은 예수께서
"이것이 내 몸이라" "이것이 내 피라" 하신 것을 문자적으로 받아
들입니다. 따라서 떡과 포도주가 사제의 봉헌 기도 직후에 그리
스도의 몸과 피로 변화한다고 주장합니다. 화체설에 의하면 성찬
과 관련된 그리스도의 임재는 '신체적'(physical)인 것이 됩니다.

공재설(共在說, consubstantiation)

공재설은 루터파의 성찬관으로서 성찬 시에 그리스도인은 물질
적 요소—떡과 포도주—와 인격적 요소—그리스도의 몸과 피—
를 함께 경험한다는 주장입니다. 비록 떡과 포도주 자체에 무슨
변화가 생기는 것은 아니지만, 동시에 떡과 포도주 **안**에, 그리고
그 밑에, 그리고 그것들과 함께, 그리스도의 몸과 피를 포함하여
전인격이 신비스럽고 기적적인 방식으로 임재한다고 주장합니
다. 공재설에서는 그리스도의 임재를 **장소적**(local)인 것으로 이해
합니다.

영적 효능설은 칼뱅의 입장을 나타내는 것으로서 이 입장에 대한 공인된 명칭은 없습니다. 칼뱅은 성찬 시에 그리스도께서 신체적으로나 장소적으로 임재하시지는 않지만, 그럼에도 불구하고 신자들은 그리스도의 전인(全人)을 향유할 수 있다고 주장합니다. 즉, 그리스도의 몸과 피가 성찬에 임재하지 않고 오직 하늘에만 장소적으로 임재할지라도, 신자가 성찬에서 떡과 포도주를 받을 때 그에게는 생명의 감화력이 전달된다는 것입니다. 이러한 해석은 오늘날 장로교의 공식 입장입니다. 칼뱅에 따르면 성찬 시 그리스도의 임재는 '실효적'(virtual)—비록 문자적으로 그리스도의 몸과 피가 현존하지는 않지만 그러한 현존으로 말미암아 산출되는 영적 유익은 거의 그대로(virtually) 누릴 수 있다고 주장한다는 점에서—인 것입니다.

성찬과 예배 정신

성찬식에서 최대의 영적 유익을 얻으려면 집례자에게나 참여자에게나 합당한 마음 자세가 요구됩니다. 성찬에 참여하는 이들은 어떤 예비 과정을 거쳐야 할까요? 바울이 고린도 교회의 성도들에게 베푼 권면은 오늘 우리에게도 여전히 유효합니다.

> 사람이 **자기를 살피고 그 후에야** 이 떡을 먹고 이 잔을 마실지니. (고전 11:28)

자기를 살핀다는 것은 자신의 부족한 모습을 하나님의 면전에서 면밀히 점검해 본다는 의미입니다. 다윗의 태도가 이에 해당합니다.

> 자기 허물을 능히 깨달을 자 누구리요? **나를 숨은 허물에서 벗어나게** 하소서. (시 19:12)

> 하나님이여! **나를 살피사 내 마음을 아시며 나를 시험하사 내 뜻을 아옵소서! 내게 무슨 악한 행위가 있나 보시고** 나를 영원한 길로 인도하소서! (시 139:23-24)

이렇게 철저한 자기 점검의 기회를 마련하기 위해서는 성찬식을 앞두고 하루라도 전에 하나님 앞에서 자기 성찰의 시간을 가져야 합니다. 아마도 이것을 연장된 경건의 시간(extended Quiet Time)이라고 할 수 있을 것입니다. 이때 한 끼 정도 금식을 병행하는 것도 바람직하다고 생각합니다.

성찬식에 참여하는 동안 우리에게는 이런저런 이유로 시간적 여유가 주어집니다. 교우들에게 분병과 분잔을 할 동안의 묵상 시간, 떡과 포도주를 들기 직전이나 들고 나서의 기도 시간 등이 그러합니다. 이때 성찬에 참여하는 이들은 다시금 성찬의 의의를 곱씹어야 할 것입니다.

첫째, 주께서 나와 우리를 위해 죽으셨음을 생각해야 합니다. 나를 향한 주님의 사랑에 감사하고 감격에 젖는 것이 필요합니다.

　둘째, 우리가 그리스도와 연합함으로써 그리스도로 말미암아 허락된 영적 유익들을 묵상해야 합니다. 특히, 몸이 떡과 포도주에 의해 양분을 공급받고 신선한 힘을 얻듯이, 믿음을 통하여 그리스도의 몸과 피를 받은 우리의 영혼 또한 영적 생명력으로 넘치게 되는 것임을 기억해야 합니다.

　셋째, 성찬을 통하여 다른 지체들과의 연합 의식이 더욱 구체화되고 실제적이 되도록 기도해야 합니다. 그들은 나와 마찬가지로 같은 구세주의 떡과 포도주를 나눠 받은 하늘의 식구들이기 때문입니다.

송인규의 Think and Act

1. 주님께서 제정하신 성례 가운데 하나인 세례의 의미는 무엇입니까? 우리는 세례식에 어떻게 참여해야 합니까?

2. 주님께서 제정하신 성례 가운데 하나인 성찬의 의미는 무엇입니까? 성찬식에서 최대의 영적 유익을 얻기 위해 우리가 가져야 할 마음 자세는 무엇일까요?

3. 지금까지 당신은 어떤 식으로 성례에 참여해 왔습니까? 성례를 통해 신령과 진정으로 예배하기 위해서 우리가 해야 할 일은 무엇입니까?

8 Benediction

축도
은혜와 사랑과 교통의 복

22 여호와께서 모세에게 일러 가라사대,
23 "아론과 그 아들들에게 고하여 이르기를 '너희는 이스라엘 자손을 위하여 이렇게 축복하여 이르되,
24 여호와는 네게 복을 주시고 너를 지키시기를 원하며
25 여호와는 그 얼굴로 네게 비취사 은혜 베푸시기를 원하며
26 여호와는 그 얼굴을 네게로 향하여 드사 평강 주시기를 원하노라 할지니라' 하라."

8장에서는 일반적으로 예배 순서 가운데 맨 마지막에 해당하는 '축도'에 대해서 살펴보겠습니다.

축도란?

어의적 의미

'축도'(祝禱)란 문자 그대로 '축복하는 기도'입니다. 축도를 뜻하는 영어 단어 '베네딕션'(benediction)은 라틴어 동사 '베네디시테'(*benedicite*)에서 유래한 것입니다. 베네디시테는 '베네디케레'(*benedicere*)의 2인칭 복수 명령형인데, '*bene*'(well)와 '*dicere*'(say)의 합성어로서 '행복을 빌다'(wish well to), '축복하다'(bless)라는 뜻을 가지고 있습니다.

통상적 의미

옥스퍼드 영어사전에는 '축도'(benediction)를 다음처럼 설명하고 있습니다.

1. 축복의 발언: 지복(至福), 번영 등을 교회의 예배 끝에, 대수도원장의 임직 시에, 혹은 식탁 기도의 내용으로서 경건하게 또는 공식적으로 기원하는 일(The utterance of a blessing; devout or formal invocation of blessedness, prosperity, etc., esp. at the conclusion of a church service, at the consecration of an abbot, or as a grace at table).

2. 회중이 성체 축성식(聖體祝聖式)으로써 축복을 받는 로마 가톨릭의 예배 형식(A chiefly RC service in which the congregation is blessed with the Blessed Sacrament).

신학적/의전적(儀典的, liturgical) 의미

이것은 인간이 누구에게 축복의 말을 하느냐에 따라 두 경우가 가능합니다. 먼저 인간이 하나님을 축복하는 경우가 있습니다. 이런 경우, 개역 한글판 성경에는 '송축(頌祝)하다'로 번역되어 있습니다(시 103:1, 20-22; 104:1, 25; 145:1-2 등). 또 인간이 인간을 축복하는 경우가 있습니다. 이것은 지도자 편에서 일반 교우들에게 복을 비는 일로서 로마 가톨릭 교회에서는 성찬식과 관련하여, 개신교에서는 예배의 마감과 관련하여 등장합니다.

축도에 대한 지나친 주장들

한국 교회에서 '축도'와 관련하여 유행하는 생각이나 주장들은 어느 시대 어느 지역에서도 유례를 찾아볼 수 없는 참으로 희한한 것입니다. 단적인 예로, "예배를 드려도 축도를 안 받으면 예배드리나 마나다" 혹은 "축도를 받지 않고 나간 성도 ○○○ 씨가 봉변을 당했다" 등의 말이 공공연히 나도는 것을 보아 곧 그 사태를 짐작할 수 있을 것입니다. 이러한 풍조가 만연하게 된 데는 다음과 같은 세 가지 요인이 함께 작용했기 때문인 것으로 추측할 수 있습니다.

첫째, 현세주의적이고 범속적(凡俗的)인 복 개념 때문입니다. 복의 내용을 구원의 은택에서 찾지 않고 건강, 자녀 생산, 윤택한 경제생활, 사업 번창, 승진과 취직, 자녀 진학, 소원 성취 등과 연관시킵니다. 성도들이 감사헌금을 하는 이유가 주로 이런 사항들 때문이고, 목회자가 성도들에게 복을 빌 때 빈번히 등장하는 기원 내용 또한 대부분 이런 내용들로 구성되어 있음을 심심찮게 발견합니다. 또 교우들이 차나 주택을 구입하면서, 사업장을 개업하면서 목회자의 축복을 기대하는 심리 역시 이런 것과 연관 지어 설명할 수 있을 것입니다.

둘째, 하나님에 대한 인식이 그릇되게 고정되었기 때문입니다. 그리스도인들 가운데 꽤 많은 이들은 신앙의 대상인 하나님을 살아 계신 아버지시며 의로운 통치자로 이해하기보다는 그저 인간의 길흉화복을 임의적이고 변덕스럽게 주관하는 막연한 신적 존재로 생각합니다. 또 신앙의 핵심을 그 하나님과의 인격적이고 친밀하고 의로운 관계로 이해하기보다는, 인간 편에서 상기한 신적 존재를 두려움 가운데 맹종하거나 그 존재를 교묘히 조종하는—때로는 노여움을 달래고 길들임으로써 때로는 비위를 맞추고 좌지우지함으로써—것으로 이해합니다. 헌금, 예배 참석, 교회 봉사 등을 액땜의 수단으로 생각하든지, 아니면 자기실현의 대가로 간주하는 것 역시 바로 이런 심리에서 기인합니다.

셋째, 목회자의 신분에 대한 오해 때문입니다. 목회자를 구약 때의 제사장과 똑같은 인간 중보자로 여겨서, 그가 하나님과 자신 사이에 개입하여 복을 내리기도 하고 거두기도 할 수 있는 존재라고 은연중에 생각합니다. 예를 들어, 목회자가 교우 자녀들의 돌잔치에 참석하여 축복을 해야만 그 부모는 안심을 하고 즐거워합니다. 그리하여 목회자들 가운데 어떤 이는 자신에게 축복권(또 저주권)이 있다고 공공연히 주장하는 수가 있고, 더욱 놀랍게도 이것을 철석같이 믿는 그리스도인 또한 적지 않은 수에 달합니다.

이런 생각들—기복신앙적 복 개념, 하나님에 대한 그릇된 인식, 목회자의 신분에 대한 오해—이 뒤섞인 신앙 토양 때문에 축도는 그야말로 이 세상의 '복'을 내리고 받는 주술적 장치로 여겨지게 된 것입니다.

성경적 관점으로의 회복

건전한 축도관(觀)을 견지하기 위해서는 그 예비 작업으로서 다음 두 가지 사항—복의 구속사적 발전과, 구약의 제사장과 오늘날의 목회자—을 염두에 두어야 합니다.

복(blessing)의 구속사적 발전

창조 시

아담과 하와는 하나님의 형상을 좇아 창조되었고(창 1:26-27), 곧 '복'을 향유하는 것으로 되어 있습니다.

> 하나님이 그들에게 **복을 주시며** 그들에게 이르시되, "생육하
> 고 번성하여 땅에 충만하라, 땅을 정복하라, 바다의 고기와 공
> 중의 새와 땅에 움직이는 모든 생물을 다스리라" 하시니라.
> (창 1:28)

이 말씀에는 두 가지 중요점이 나타나는데, 첫째, 생육과 번성이요, 둘째, 만물의 영장으로서 다른 피조물에 대한 다스림(dominion)입니다.

이들이 이렇게 복을 누릴 수 있었던 근본 이유는 그들이 하나님과의 관계(창조주–피조물) 가운데 교제를 나누고 있었기 때문입니다. 창세기 자체에는 나타나지 않지만 신약에 와서 보면, 인간이 처음 창조될 때 허락된 조건—하나님의 형상으로 지음 받음—가운데 하나가 '지식'(골 3:10)임을 고려할 때 이 점을 추정할 수 있습니다. 즉, 아담은 하나님을 아는 지식—영적 존재로서 하나님과의 인격적 관계 가운데 하나님과 사귀고 교통함(참고. 요 17:3)—과 더불어 창조되었습니다.

처음 창조된 아담과 하와의 경우 그들이 누리던 복의 내용을 크게 두 가지로 정리할 수 있습니다. 첫째, 하나님과 인격적으로 사귀고 친밀한 관계를 누리는 일—이것을 '핵심적 복'(core blessing)이라고 합시다—입니다. 둘째, 생육과 번성 및 만물의 영장으로서 다스리는 일—이것을 '부가적 복'(fringe blessing)이라고 합시다—입니다.

타락 시

언약의 머리인 아담이 하나님을 반역하면서부터 하나님과의 관계는 단절되었습니다. 그래서 그는 "여호와 하나님의 낯을 피하여" 숨고자 했던 것(창 3:8)입니다. 즉, 그는 핵심적 복을 완전히 상실했습니다. 그러나 부가적 복의 경우에는 부분적 손상이 있기는 했지만(참고. 창 3:17-19에 나타난 땅의 저주 받음, 수고의 필연성 등) 하나님의 은총이 완전히 거두어지지는 않았습니다. 특히 하나님의 구원적 은혜(참고. 창 3:16)를 받은 이들은 다시금 하나님과의 관계 회복이라는 핵심적 복을 누리게 되었고, 비록 제한된 정도이지만 부가적 복을 계속해서 향유할 수 있게 되었습니다.

구약 시대

하나님께서는 땅의 한 민족을 통하여 온 세상에 대한 구원 계획을 추진하기로 하셨습니다. 그 계획의 초두에 뽑혀 선 인물이 바로 아브람(후에 아브라함)이었습니다. 이러한 하나님의 목표는 아브람을 부를 때 명확하게 제시됩니다.

여호와께서 아브람에게 이르시되, "너는 너의 본토 친척 아비 집을 떠나 내가 네게 지시할 땅으로 가라. 내가 너로 큰 민족을 이루고 **네게 복을 주어** 네 이름을 창대케 하리니 **너는 복의 근원**이 될지라. 너를 축복하는 자에게는 내가 복을 내리고 너를 저주하는 자에게는 내가 저주하리니 **땅의 모든 족속이 너를 인하여 복을 얻을 것이니라**" 하신지라. (창 12:1-3)

아브람은 하나님의 부르심에 순종하여 하나님과의 관계를 시작했고, 믿음의 조상으로서 그 첫 행보를 내딛었습니다. 후에 그는 하나님과 언약을 맺었고(창 15:1-21; 17:1-14, 이것이 바로 '핵심적 복'의 내용임), 이러한 언약 준수에 대한 보상으로서 아브라함과 이스라엘은 자녀 생산(창 17:16; 26:24; 신 28:11), 소유물 증식(창 24:35; 신 28:4, 5, 11), 민족의 번영(신 28:12-13), 영토의 획득(창 26:3-4; 신 6:18-19)과 같은 '부가적 복'을 약속받았습니다.

그런데 구약 시대에는 '핵심적 복'과 '부가적 복' 사이에 불가분리의 긴밀한 관계가 형성되어 있었습니다. 다시 말해서, '핵심적 복'은 '부가적 복'을 통하여 그 진상이 나타났고, '부가적 복'을 통하여 '핵심적 복'—하나님과의 언약 관계 가운데 머물러 있음—을 확인할 수 있었습니다. 이 말은 곧, 어떤 이가 '핵심적 복'을 누리고 있다면 그는 그에 대응하는 '부가적 복'을 기대하는 것이 마땅했고, 반대로 그가 '부가적 복'을 누리지 못하고 있다면 그것은 '핵심적 복'이 결여된 것으로 간주할 수 있었다는 말입니다.

그러나 이러한 '핵심적 복'과 '부가적 복' 사이의 긴밀한 고리는 신약 시대로 접어들면서 끊어지고 말았습니다. 더 정확히 말해서, 신약 시대에는 복의 본질인 '핵심적 복'만이 극대화되어 강조되고, '부가적 복'은 주어질 수도 있고 그렇지 않을 수도 있는—그야말로 부가적인—것이 되고 말았습니다.

두 가지 주장이 이상의 내용을 뒷받침합니다. 첫째, 창세기 12장 1-3절에서 말한 아브라함의 복이 실상은 예수 그리스도에게서 실현된다—그리스도를 믿음으로 의롭게 되는 것—는 주장입니다.

> 또 하나님이 이방을 믿음으로 말미암아 의로 정하실 것을 성경이 미리 알고 먼저 아브라함에게 복음을 전하되 **"모든 이방이 너를 인하여 복을 받으리라"** 하였으니 그러므로 믿음으로 말미암은 자는 믿음이 있는 **아브라함과 함께 복을 받느니라.** …… 이는 **그리스도 예수 안에서 아브라함의 복이 이방인에게 미치게 하고** 또 우리로 하여금 믿음으로 말미암아 성령의 약속을 받게 하려 함이니라. (갈 3:8-9, 14)

따라서 바울 사도는 '복'의 언어가 가장 강조된 표현을 쓴 한 곳에서 핵심적 복의 내용을 다음과 같이 밝힙니다.

> 찬송하리로다! 하나님 곧 우리 주 예수 그리스도의 아버지께서 그리스도 안에서 **하늘에 속한 모든 신령한 복으로 우리에게 복 주시되** 곧 창세 전에 그리스도 안에서 우리를 택하사 우리

로 사랑 안에서 그 앞에 거룩하고 흠이 없게 하시려고 그 기쁘
신 뜻대로 예정하사 예수 그리스도로 말미암아 자기의 아들들
이 되게 하셨으니. (엡 1:3-5)

둘째, 부가적 복이 완전히 결여된 때에라도 핵심적 복 때문에
복된 자가 된다는 주장입니다.

심령이 가난한 자는 복이 있나니 천국이 저희 것임이요, **애통
하는 자는 복이 있나니** 저희가 위로를 받을 것임이요, …… **의
를 위하여 핍박을 받은 자는 복이 있나니** 천국이 저희 것임이
라. 나를 인하여 **너희를 욕하고 핍박하고 거짓으로 너희를 거
스려 모든 악한 말을 할 때에는 너희에게 복이 있나니.**
(마 5:3-4, 10-11)

너희가 그리스도의 이름으로 욕을 받으면 복 있는 자로다. 영
광의 영 곧 하나님의 영이 너희 위에 계심이라. (벧전 4:14)

재림 시

그리스도께서 재림하셔서 우리가 새 하늘과 새 땅을 유업으로
받을 때, 핵심적 복과 부가적 복은 다시금 우리에게 통전적으로
회복될 것입니다. 사도 요한의 가르침을 참조해 봅시다.

내가 들으니 보좌에서 큰 음성이 나서 가로되, "보라! 하나님
의 장막이 사람들과 함께 있으매 **하나님이 저희와 함께 거하**

시리니 저희는 하나님의 백성이 되고 하나님은 친히 저희와 함께 계셔서 **모든 눈물을 그 눈에서 씻기시매 다시 사망이 없고 애통하는 것이나 곡하는 것이나 아픈 것이 다시 있지 아니하리니** 처음 것들이 다 지나갔음이러라." (계 21:3-4)

새 하늘과 새 땅에서 우리에게 허락되는 은택은 두 가지입니다. 첫째, 하나님과의 온전한 거주로서 이는 핵심적 복의 요체입니다. 둘째, 환경적 윤택—눈물, 사망, 애통, 곡, 아픔의 완전한 제거—으로서 이는 부가적 복과 연관된 것입니다.

그러나 현재 우리는 그리스도의 재림 이전 시기에 살고 있습니다. 다시 말해서, 하나님과의 인격적 관계에서 구원의 은택을 누리고 즐거워하는 것이 복의 핵심이라는 것입니다. 부가적 복은 하나님의 주권적 의지 가운데 주어질 수도 있고 그렇지 않을 수도 있습니다. 그러므로 우리의 신앙적 눈길은 핵심적 복에 착념해야 하며 부가적 복을 취득하기 위한 수단으로 하나님을 믿어서는 안 될 것입니다.

구약의 제사장과 오늘날의 목회자

우리가 축도를 건전하게 이해하려면, 또 한 가지 중요한 사항을 진리로 받아들여야 합니다. 그것은 축도를 하는 목회자의 신분에 관한 사항입니다. 만일 어떤 그리스도인이 오늘날의 목회자를 구약의 제사장과 똑같다고 여긴다면, 십중팔구 그의 축도관은 주술적 경향으로 흐를 것입니다.

구약의 제사장

하나님께서는 이스라엘을 통치하실 때 인간 중보자를 뽑아서 세우셨습니다. 이 계층은 제사장(출 28:1), 왕(신 17:15), 선지자(삼상 3:20)로서 이들이 임명받을 때 기름 부음을 받았기 때문에(제사장[출 28:41], 왕[삼상 10:1], 선지자[왕상 19:16]), 이들을 총칭해 '기름 부음 받은 자'(소위 '메시아')라고 했습니다. 그 가운데 제사장은 속죄의 제사(히 5:1, 3)를 드리고, 중보기도(시 99:6)를 하며, 백성을 축복함으로써(레 9:22; 민 6:22-26; 신 21:5) 자신의 사명을 감당했습니다. 민수기 6장 22-26절에 나타난 이스라엘 백성에 대한 축복 행위는 아론이 제사장—이는 신분상 하나님과 이스라엘 백성 사이에 위치한 인간 중보자인데—으로서 할 수 있었던 바였습니다.

그러나 제사장은 하나님께서 부여한 영적 은사를 활용해 사역하는 영적 지도자이기도 했습니다. 포로 귀환 이후 이스라엘의 부흥에 큰 촉매 역할을 한 에스라를 보면 이 점이 명확해집니다. 그는 율법을 잘 가르치는 은사가 있어서(스 7:6, 10) '학사'라는 명칭을 얻게 되었고(스 7:11), 이스라엘 백성 가운데 이모저모로 영적 리더십을 발휘했습니다(스 7:13, 28; 8:15, 21, 24; 9:1-2 등).

이상의 내용을 종합해 볼 때, 구약의 제사장은 인간 중보자로서 할 수 있는 고유의 일들—제사, 중보기도, 축복—을 감당하기도 했고, 은사를 가진 영적 지도자로서 필요시에 어떤 직책을 맡아 말씀을 가르치는 일에 착념하는 등 이중적 과업을 수행한 것으로 이해할 수 있습니다.

이스라엘의 쇠퇴와 유일한 메시아

이스라엘은 인간 메시아—제사장, 왕, 선지자—를 내세워 택한 백성을 이끌어 가고자 한 하나님의 계획에 반기를 들었습니다. 제사장(겔 22:26; 말 2:7-9)이든, 왕(왕하 17:1-2; 23:26-27)이든, 선지자(렘 23:13-16)이든, 하나님의 율법을 거슬렀고 언약을 지키지 않았습니다. 따라서 하나님께서는 인간 메시아들의 완성인 참되고 유일한 메시아—하나님의 기름 부음 받은 자(시 2:2; 45:7; 사 61:1)—를 약속하셨고, 이스라엘은 진정한 왕(슥 9:9; 마 27:11)이요 제사장(시 110:4; 히 5:5-6)이며 선지자(신 18:15, 18; 행 3:22-23)이신 참 메시아(요 1:42)를 기다렸습니다.

그리스도의 제사장 되심과 만인제사장 교리

그리스도께서 메시아로 오셨을 때, 그의 가장 중요한 직분은 제사장 직분이었습니다. 그는 멜기세덱의 반차를 좇은 대제사장으로서(히 6:20), 십자가 위에서 제물인 동시에 대제사장으로 죽으셨으나 다시 살아나심으로써 영원한 대제사장이 되셨습니다(히 7:22-27).

우리가 예수 그리스도를 믿을 때 우리는 그분과 연합하게 되고(참고. 롬 6:3-5), 또한 제사장이 됩니다(벧전 2:5, 9; 계 1:5-6; 5:9-10; 20:6). 따라서 오늘날 하나님과 그리스도인 사이에는 더 이상 인간 중보자—구약 식의 제사장—가 필요하지 않습니다. 영원하신 중보자 그리스도를 통하여 우리 모두가 제사장이 되었기 때문입니다.

모든 그리스도인은 하나님 앞에 동일한 신분—제사장—으로 섭니다. 그런데 하나님께서는 공동체 전체에 유익을 끼치기 위해 구성원들에게 서로 다른 각종 영적 은사를 허락하셨습니다(롬 12:4-8; 고전 12:4-11; 엡 4:11-12). 그리고 공동체의 성숙, 질서, 발전을 유지하기 위해 지도자를 세우셨는데, 이들에게는 특히 목양(행 20:28; 엡 4:11; 벧전 5:2), 가르침(롬 12:7; 갈 6:6; 엡 4:11; 딤전 5:17), 리더십(롬 12:8; 고전 12:28; 히 13:7, 17)의 은사를 허락하셨습니다.

이렇게 볼 때 오늘날의 목회자와 일반 교우들 사이에는 공통점과 차이점이 존재함을 알 수 있습니다. 목회자와 일반 교우들은 모두가 하나님 앞에서 동일한 **신분**(status)을 가지고 있습니다. 그들 모두는 하나님의 제사장입니다. 이것은 그들 모두가 하나님의 자녀요(롬 8:16; 갈 4:6), 그리스도의 지체(롬 12:4; 고전 12:12)이며, 성령의 전(고전 3:16; 6:19; 엡 2:22)인 것과 같습니다. 그러나 목회자와 일반 교우들 사이에는 차이도 있는데, 그것은 **은사**(gift)/**기능**(function) 면에서 그렇습니다. 즉 목회자는 일반 교우들과 달리 목양의 책임을 지고, 말씀을 가르치며, 영적 리더십을 발휘합니다.

구약의 제사장과 신약의 목회자

이상의 내용에 기초할 때 구약의 제사장과 신약의 목회자 사이에도 **불연속성** 및 **연속성**이 공존하는 것을 알 수 있습니다.

구약 시대의 제사장은 하나님 앞에서 인간 중보자라는 신분(status) 및 인간 중보자로서의 고유 활동(제사, 중보기도, 축복)을 수행해 왔는데, 이것은 예수 그리스도의 오심과 더불어 폐지되었습니다. 그러나 하나님께 부여받은 은사(gift)로써 공동체 내에서 백성을 가르치고 인도하여 리더십을 발휘하는 기능(function) 등을 감당하는 것은 신약 시대에도 여전히 유효합니다. 오늘날 교회에서 목회자가 목양, 가르침, 리더십 발휘의 책임을 지고 있는 것은 바로 이런 까닭입니다.

다시금 반복하거니와 오늘날의 목회자는 인간 중보자가 아니라는 점에서 구약의 제사장과 완전히 다릅니다. 이것은 축복의 면에서도 마찬가지입니다. 비록 목회자가 예배 시 축도 순서를 맡고는 있지만, 결코 구약의 제사장 식으로 복을 분여하는 것은 아닙니다. 이는 곧 현세적이고 범속적인 성격의 복을 분여하는 것이 아닐 뿐만 아니라 구원의 복이 목회자의 축도를 통해서 전권적으로 교우들에게 전달되는 것도 아니라는 말입니다.

목회자의 영적 권세

그러면 예배 순서로서의 축도는 도대체 어떤 의미가 있는 것일까요? 더욱 정확히 말해서, 어떤 그리스도인이 목회자가 수행하는 축도 시간에 그곳에 머물러 있을 때 구체적으로 어떤 유익이 생기는 것일까요? 축도 순서에 참여하기 전과 참여한 후를 비교해 볼 때 과연 그 그리스도인에게는 어떤 차이가 생기는 것일까요?

이상의 질문에 대한 답변은 근본적으로 목회자에게 어떤 자격이 허락되고 어떤 권세가 주어진다고 보느냐에 따라 달라집니다.

이는 다음 네 가지 입장으로 구분해 볼 수 있습니다.

제사장적 자격을 부여하는 입장

이 입장에서는 성직자가 예배 의식(특히 성찬식)을 통해 하나님께 제사를 드린다고 생각합니다. 따라서 성직자가 일반 성도들과 하나님 사이에서 일종의 중보적 역할을 담당하는 것으로 간주하며, 성직자를 사제(司祭, priest)라고 부릅니다. 이것은 로마 가톨릭 교회와 가톨릭 경향이 강한 일부 성공회 소속 교회의 주도적 견해입니다.

이러한 견해가 가능한 것은, 이들은 근본적으로 성찬에 대해 화체설(化體說)로 이해하고 있기 때문입니다. 즉, 성찬에 사용되는 떡과 포도주가 예수 그리스도의 살과 피로 변화되기 때문에 성찬의 일차적 의의는 그리스도께서 자신을 하나님께 제물로 바친다는 제사적 측면에서 찾아야 한다는 것입니다. 그 다음에야 그러한 그리스도의 살과 피를 받아먹는 영성체적(領聖體的) 의미를 주장합니다. 그러므로 사제는 신분상 일반 교우들과 구별되는 영적 지도자로서, 하나님께 제사를 드리는 데서나 그리스도인들이 예수 그리스도의 살과 피를 나누도록 하는 데서나 중보적 역할을 담당한다는 것입니다.

미사에서의 강복(降福, '축도'의 가톨릭적 용어)은 바로 이런 의식적 배경을 깔고 이해해야 합니다. 사제는 그리스도의 성체를 현시한 뒤 바로 그 성체로써 신자들에게 복을 빌어 줍니다. 그렇기 때문에 사제가 아니면 그 누구도 미사 집전과 더불어 강복을 시행할 수 없습니다.

신적 직분자의 자격을 부여하는 입장

성직자를 일종의 제사장으로 간주하는 것이 로마 가톨릭의 입장이라면, 나머지 세 가지 입장—신적 직분자의 자격을 부여하는 입장, 공동체의 대표자 자격을 부여하는 입장, 그리스도인으로서의 자격을 부여하는 입장—은 모두 개신교의 입장입니다. 개신교에서는—종교개혁의 정신에 맞게—성직자를 일반 교우들과 신분조차 다른 존재라고는 생각지 않습니다. 그러나 그 지도자에게 어느 정도의 영적 권세가 부여되었다고 보는가 하는 점에서는 각각의 입장 사이에 차이가 있습니다.

개신교의 다양한 견해 가운데, 성직자/목회자의 영적 권세를 가장 많이 인정하는 것이 '신적 직분자의 자격을 부여하는 입장'인데, 이는 장로교의 전통적 입장입니다. 그렇다고 하여, 목사를 하나님과 그리스도인 사이에 있는 중보자라고 생각하지는 않습니다. 목사 역시 하나님 앞의 신분과 관련해서는 일반 교우들과 동일한 한 사람으로서, 그리스도의 몸을 이루는 하나의 지체로서, 하나님의 백성을 형성하는 하나의 구성원으로서 간주합니다.

단지 일반 교우들과 차이가 있다면 목사는 하나님께서 뽑아 세우신 공동체의 일꾼이요 사역자입니다. 앞에서 밝혔듯이 그는 목양, 가르침, 리더십의 기능을 다하기 위해 선택된 지도자입니다. 그가 비록 일반 교우들의 투표 절차에 따라 초청(혹은 선발)된 지도자이기는 하지만 하나님으로부터 권세를 부여받은 직분자임을 강조합니다.

목사는 하나님의 부르심을 받아 공동체를 책임진 직분자로서 양 떼를 돌보고, 말씀을 가르치며, 지도력을 발휘합니다. 그러한 사역 가운데 예배 인도는 목사의 빼놓을 수 없는 책임 가운데 하나입니다. 물론 직분자들만이 주일 예배 인도를 맡아야 한다고 성경 그 어디에도 명시하고 있지 않습니다. 그러나 우리의 공적 예배가 신령과 진리로 하나님을 뵈옵고, 그분께 부복하고 충성을 다짐하는 공동체적 행사라면, 이왕이면 신앙적으로 성숙하고 경험이 많은 이들이 예배의 인도자가 되면 좋을 것입니다. (물론 성숙의 정도가 온전하지 못한 이들은 결코 예배 인도를 맡지 말아야 한다는 뜻은 아닙니다.) 그렇다면 예배를 맡은 인도자가 축도 순서까지 맡는 것(아니면 예배 인도는 다른 분이 맡았더라도 축도는 하는 것)은 자연스럽고 마땅하게 여겨집니다.

공동체의 대표자 자격을 부여하는 입장

'신적 직분자의 자격을 부여하는 입장'이 장로교와 관련이 있다면 '공동체의 대표자 자격을 부여하는 입장'은 주로 침례교회의 주도적 견해입니다. 이 입장은 장로교의 입장과 여러 면에서 동일합니다. 목사의 역할을 절대 중보자적인 것으로 보지 않으며, 하나님 앞에서의 신분은 목사나 일반 교우들이나 똑같다고 생각합니다. 단지 목회자는 일반 교우들과 은사(및 그에 따른 기능)—목양, 가르침, 리더십—가 다르기 때문에 공동체에서 대표자로 뽑힌 것이라 여깁니다.

여기까지는 '신적 직분자의 자격을 부여하는 입장'과 '공동체의 대표자 자격을 부여하는 입장'이 거의 동일합니다. 교우들이 리더십에 합당하다고 여겨지는 어떤 이들을 그들의 자질과 은사에 따라 선발한다는 면에서는 장로교나 침례교나 하등 차이가 없다는 말입니다. 그런데 장로교에서는 이미 하나님께서 부르신 지도자를 공동체적으로 인정했을 뿐이라며 지도자 선발에서의 **신적 측면**을 강조하는 반면, 침례교에서는 일반 교우들이 일꾼을 공동체의 대표자로 선발했다는 **인적 측면**을 강조합니다.

침례교회의 예배에서 예배 인도자 및 축도 담당자에 대한 생각은 목회자를 어떤 인물로 여기느냐 하는 것과 함께 갑니다. 비록 목회자가 일반 교우들과 달리 특별한 기능을 담당하고(그 가운데 주일 예배가 있음) 예배 시에 축도를 하지만, 그것이 목회자를 일반 교우들과 차별화하는 것은 아닙니다. 그는 은사나 기능 면에서 일반 교우들과 차이가 날 뿐이고, 이 때문에 교우들의 대표자로서 예배 인도 및 축도를 맡을 따름입니다. 누구든지 교우들의 인정만 받으면 그런 책임을 맡아 감당할 수 있습니다.

그리스도인으로서의 자격을 부여하는 입장

이 입장은 목회자와 일반 교우들 사이의 차이를 거의 인정하지 않는 것으로서, 개신교의 입장 가운데 가장 과격하다고 할 수 있습니다. 주로 형제 교회(Brethren Church)의 견해로 알려져 있습니다.

형제 교회 내에도 여러 분파와 갈래가 있기 때문에 일반화하기가 쉽지는 않지만, 대체로 그들은 일반 교우들과 직분적으로 구별되는 직분자를—항구적으로 목회의 기능을 수행하며 사례비를 지급받는—공동체 내에서 선발하지 않습니다. 목회자가 전혀 없는 경우도 있고, 혹시 있다 하더라도 공동으로 몇 명이 돌아가며 말씀 증거(및 성례 집행) 사역을 맡을 따름입니다. 따라서 예배 인도자 역시 어떤 특정한 직분자에게 고정되어 있지 않고, 예배 순서 또한 교우들이 함께 맡습니다. 그들은 축도도 독특하게 하는데, 예배의 마지막에 함께 일어나 고린도후서 13장 13절("주 예수 그리스도의 은혜와 하나님의 사랑과 성령의 교통하심이 너희 무리와 함께 있을지어다")을 말함으로써 서로를 향한 공동의 축도 순서를 갖습니다.

축도, 복되고 복된 시간

이제 비로소 우리는 축도의 영적 의의/가치를 논할 계제에 이르렀습니다. 우선, 축도에 사용되는 신구약 본문과 그 의미를 살펴봅시다.

축도의 내용

> 아론과 그 아들들에게 고하여 이르기를 "너희는 이스라엘 자손을 위하여 이렇게 축복하여 이르되, '여호와는 네게 복을 주시고 **너를 지키시기**를 원하며 여호와는 그 얼굴로 네게 비취사 **은혜 베푸시기**를 원하며 여호와는 그 얼굴을 네게로 향하여 드사 **평강 주시기**를 원하노라' 할지니라" 하라. (민 6:23-26)

아론 계열의 제사장들이 이스라엘을 축복하는 바는 세 가지 사항—지키심, 은혜 베푸심, 평강 주심—으로 되어 있습니다. 이러한 복의 내용 세 가지는 여호와께서 베푸심으로 가능한 바요, 특히 여호와께서 '얼굴'—그의 임재와 호의—을 보이심으로써 이루어집니다. 하나님의 이름은 바로 하나님 자신을 나타내는 것으로서, 하나님께서 자신의 백성과 언약 관계로 맺어져 있음을 보여 줍니다. 또 '여호와'가 세 번씩이나 등장하는 것은 신약 시대의 삼위일체에 대한 희미한 그림자이기도 합니다.

주 예수 그리스도의 은혜와 하나님의 사랑과 성령의 교통하심
이 너희 무리와 함께 있을지어다! (고후 13:13)

바울은 고린도 교회 교우들에게 보내는 편지를 축복 형식의 말로 마감했는데, 이 구절이 오늘날 예배에서의 '축도' 내용으로 광범위하게 사용되고 있습니다. 우리 주 그리스도께서는 대가를 요구하지 않으시고 거저 신적 호의를 베푸셨고(참고. 고후 8:9), 이로써 우리는 구원을 받게 되었습니다(엡 2:8). 이러한 은혜를 조금 다른 각도에서 본다면, 우리를 향한 하나님 편에서의 사랑을 확증한 것이라 할 수 있습니다(롬 5:8). 이 사랑은 우리가 아직 "연약할 때에"(롬 5:6), "죄인 되었을 때에"(롬 5:8), "원수 되었을 때에"(롬 5:10) 보여 주신 것이므로 더욱 놀랍습니다. 우리가 구원을 받아 하나님의 백성이 되면서부터 성령께서는 우리를 하나의 공동체로 교통하게(사귐을 갖게) 하셨습니다(엡 2:18; 4:3-4). 그리스도인의 진정한 복은 이렇게 은혜와 사랑과 교통을 누림에 있습니다.

축도의 의의
그러면 축도는 그리스도인에게 어떤 영적 가치를 부여할까요?

우선 지금까지의 내용에 의거해 축도와 관련하여 의의가 아닌 것부터 정리해 봅시다. 첫째, 축도는 우리에게 '부가적 복'—사업의 번창, 윤택한 경제생활, 승진과 취직, 자녀의 성공 등—을 보장해 주는 의식이 아닙니다. 축도는 철두철미하게 '핵심적 복'—구원의 은택을 누리고 하나님과 깊은 사귐을 가짐—에 대한 것입니다. 둘째, 축도는 목회자가 하나님과 그리스도인 사이에 중보적 존재로 끼어드는 의식이 아닙니다. 목회자는 자기 임의대로 성도들에게 핵심적 복을 분여하는 인간 중보자가 아닙니다. 이러한 복은 오직 그리스도만이 우리에게 나누어 주실 수 있습니다.

축도는 오히려 하나님께서 우리에게 베풀어 주시기 원하는 복의 내용을 마음껏 누리는 순서입니다. 하나님께서는 그리스도인 각 개인과 공동체에 대해 엄청난 복을 내리기 원하십니다. 축도는 실상 우리를 향한 하나님의 염원을 예전화(禮典化)한 시간입니다. 목회자는 예배 시간을 마감하면서 우리에게 복을 내리고자 하시는 하나님의 염원을 기원의 형태로 상기시키는 것뿐입니다.

그렇다면 우리 편에서의 간절한 기대와 열망이 없으면 축도가 우리의 심령에 아무런 영적 유익도 끼칠 수 없음을 기억해야 합니다. 따라서 그리스도인 공동체는 예배를 마감하기에 앞서 삼위 하나님을 바라보며 주께서 그토록 베풀기 원하시는 핵심적 복을 간원하고 열망해야 합니다. 고린도후서 13장 13절에 기초해서 말한다면, 예수 그리스도께서 주시는 은혜, 하나님 아버지께서 베푸시는 사랑, 성령님을 통해서 이루어지는 하나됨의 교제를 목마르게 구해야 합니다. 그럴 때에야 비로소 축도의 엄청난 가치가 우리의 심령에 차고 넘칠 것입니다.

　그러므로 목회자가 고린도후서 13장 13절의 내용으로 축도를 할 때, 그리스도인 각자도 그 내용을 하나하나 곱씹어 가며 그 복의 내용이 내 심령에, 또 옆의 교우들에게, 그리고 축도 순서를 맡은 목회자에게까지도 유효하기를 간원해야 합니다.

　축도는 결코 주술적 효능을 가진 종교 의식이 아닙니다. 축도자가 축도의 내용을 말하며 손을 높이 들든지, 아니면 '있을지어다'라고 권위 있게 발언한다 해서 무슨 영적 의의나 가치가 발생하는 것은 아닙니다. (사실 원문에 의하면 고후 13:13은 기원 형식의 축약된 문장으로서 "너희 무리와 함께"라는 말로 끝나기 때문에, 뒤에 '있을지어다' 를 덧붙이건 '하시기를 축원하옵나이다' 를 덧붙이건 상관이 없고, 부가적 표현이 어떠냐에 따라서 영적 효능에 변화가 생기는 것도 아닙니다.) 또 교우들이 멍한 정신 상태로 있거나 말거나 어쨌든 교인들이 축도를 받기만 하면 그들이 기대하는 '복' 을 받는—아니면 최소한 화(禍)나 저주로부터 모면되는—, 그런 소원 성취(혹은 액땜) 순서도 아닙니다. 축도는 우리가 삼위 하나님을 신령과 진리로 예배할 때, 하나님께서 개인의 심령과 공동체의 삶 가운데 **은혜**와 **사랑**과 **교통**의 복을 한없이 부어 주시는, 그야말로 '복된' 시간입니다.

1. 축도는 당신에게 어떤 의미가 있습니까? '축복하는', '복을 비는' 것을
   축도라고 할 때, 어떤 복들이 떠오릅니까?

2. 성경은 복의 개념을 두 가지—'핵심적 복'(구원의 은택을 누리고 하나님과
   깊은 사귐을 가짐)과 '부가적 복'(사업의 번창, 윤택한 경제생활, 승진과 취직,
   자녀의 성공)—로 보여 주고 있습니다. 핵심적 복을 위한 통로인 축도에
   서 당신은 무엇을 기대하고 있습니까?

3. 축도의 유익이 우리 심령에 부어지려면 무엇보다도 우리의 마음 자세가
   중요합니다. 고린도후서 13장 13절에 기초하여 축도의 의미를 생각해
   보고, 예배자인 내가 취해야 할 태도를 정리해 봅시다.

An Invitation to Worship

예배로의 초대

오라, 우리가 예배하자

1 오라! 우리가 여호와께 노래하며 우리 구원의 반석을 향하여 즐거이 부르자.

2 우리가 감사함으로 그 앞에 나아가며 시로 그를 향하여 즐거이 부르자.

3 대저 여호와는 크신 하나님이시요 모든 신 위에 크신 왕이시로다.

4 땅의 깊은 곳이 그 위에 있으며 산들의 높은 것도 그의 것이로다.

5 바다가 그의 것이라. 그가 만드셨고 육지도 그의 손이 지으셨도다.

6 오라! 우리가 굽혀 경배하며 우리를 지으신 여호와 앞에 무릎을 꿇자.

7 대저 저는 우리 하나님이시요 우리는 그의 기르시는 백성이며 그 손의
양이라. 너희가 오늘날 그 음성 듣기를 원하노라.

8 이르시기를 너희는 므리바에서와 같이 또 광야 맛사의 날과 같이 너희 마음을
강퍅하게 말지어다.

9 그때에 너희 열조가 나를 시험하며 나를 탐지하고 나의 행사를 보았도다.

10 내가 사십 년을 그 세대로 인하여 근심하여 이르기를, "저희는 마음이 미혹된
백성이라. 내 도를 알지 못한다" 하였도다.

11 그러므로 내가 노하여 맹세하기를, "저희는 내 안식에 들어오지 못하리라"
하였도다.

예배에 대한 그릇된 통념

‘예배’ 하면 떠오르는 우스개가 있습니다. 어느 날 심방을 온 목회자에게 교인 한 사람이 이렇게 부탁했다는 것입니다. “목사님, 오늘 예배는 좀 쎄게 봐 주십쇼!” 물론 한번 웃고 잊어버릴 수도 있겠지만, 이 말에는 그냥 가벼이 넘길 수만은 없는 심각한 문제점이 드러나 있기도 합니다.

예배를 쎄게(세게) 봐 달라는 그 교인의 부탁에서 우리는 간절함과 기대감을 읽을 수 있습니다. 동시에 그리스도인들이 예배와 관련해 가지고 있는 그릇된 통념도 찾아볼 수 있습니다. 그렇다면 무엇이 그릇된 통념일까요? 이에 대해 세 가지를 언급할 수 있습니다.

첫째, 이 교인은 예배의 핵심을 우리 편에서의 주관적 열심에 두고 있습니다. 부디 저를 오해하지 마시기 바랍니다. 예배에서 주관적 측면은 분명 중요합니다. 예배자에게 열심, 간절함, 기대감 등이 없다면 그 또한 문제점으로 지적하지 않을 수 없습니다.

그러나 제가 지금 말하고 있는 것은 우선순위(priority)의 문제입니다. 비록 예배자의 주관적 열심과 간절함이 중요하다 하더라도 그보다 더욱 강조되어야 할 것이 있는데, 그것은 예배에서의 객관적 측면—우리가 예배하는 하나님께서 어떠한 분인가 하는 것—입니다. 우리가 예배하는 대상을 올바로 인식하지 않고서는 참된 예배를 드릴 수 없기 때문입니다. 이 점은 1장 "신령과 진리의 예배"에서 집중적으로 강조한 내용입니다. 다시 한 번 강조하자면, 요한복음 4장 24절의 '신령과 진정'으로 예배하라는 말은 실은 '신령과 진리'로 번역하는 것이 합당하며, 예배자는 주관적 열심(진정으로 예배함) 이전에 하나님이 어떤 분인지 아는 것(진리로 예배함)이 더 중요하다고 밝혔습니다.

둘째, "예배를 쎄게 **봐** 주십쇼"라는 표현에서 볼 수 있듯이, 이 교인은 예배를 관람행위와 연관시키고 있습니다. 그러나 예배는 결코 '보는' 것이 아닙니다. 우리는 오늘날 온갖 종류의 관람에 익숙해 있습니다. 영화, 운동경기, 연극, 청문회, 단상토론회, 오락 프로그램 등 그 종류는 부지기수입니다. 그러다 보니 예배 시간에도 관람객 식의 정신 상태에 빠지기가 매우 쉽습니다. 우리는 오늘 예배 사회자는 누구인가, 대표기도는 어땠는가, 성가대 가운이 왜 바뀌었는가, 설교자의 양복과 넥타이는 색깔이 어울리는가, 오늘 광고는 왜 그토록 길었는가 등의 질문을 던지며 예배를 '구경'하게 됩니다.

그러나 예배는 결코 문화 행사가 아니며 우리의 여흥을 위한 종교 놀음도 아닙니다. 만일 예배를 관람거리 가운데 한 가지로 간주한다면, 이미 거기에는 예배 정신이 타락하기 시작했다고 지적해야 할 것입니다. 그러나 안타깝게도 이러한 '예배 관람'이 오늘날 현실로 나타나고 있습니다. 예배를 '본다'는 언어습관이 바로 이 점을 반영하는 것 아니겠습니까?

따라서 예배와 관련한 우리의 용어 선택에 개혁이 필요합니다. '예배를 **보다**'라는 표현 대신에 '예배를 **드리다**'라는 어구를 의식적으로라도 사용하는 것이 좋습니다. 그리고 이보다 더욱 좋은 것은, 아직 보편화되지는 않았지만 '예배**하다**'라는 동사 자체를 사용하는 것입니다. "나는 하나님을 **예배하러** 왔습니다"라는 진술이 "나는 하나님께 **예배를 드리러** 왔습니다"라는 진술보다 더 강하고 직접적이기 때문에, 저는 이 표현을 가장 추천합니다.

셋째, 앞에 등장한 교인은 예배의 주도권을 은연중에 타인에게 위탁하고 있습니다. 예배를 봐 달라는 것은, 예배의 책임을 남에게 떠넘기고 자신은 그저 수동적으로 남아 있겠다는 뜻입니다. 더욱이 그 책임을 **목회자에게** 이양하고 있는데, 이것은 목회자를 예배의 중보적 존재로 여기기 때문이 아닌가 싶습니다.

예배에서 목회자의 역할을 구약 식의 인간 중보자로 여기는 것과 예배자의 수동성은 긴밀히 연결되어 있습니다. 목회자를 그런 인물로 여기면 여길수록 그리스도인들은 예배에서 수동적이 됩니다. 반대로 목회자의 역할을 옳게 인식하면 할수록 수동적인 자세에서 탈피하게 됩니다.

그 누구도 우리의 예배에서 중보적 존재가 될 수 없습니다. 구태여 중보자를 거론하라면, 물론 영원한 대제사장이신 예수 그리스도를 들 수 있습니다. 그 외에는 어떤 인물도 중보자가 아니고 또 될 수도 없습니다. 목회자가 설교를 하고 예배를 인도하는 책임을 맡게 된다고 해도, 역시 다른 그리스도인들과 똑같이 하나님을 예배하는 자이지 결코 그리스도인과 하나님 사이에 중개자로 끼어드는 것은 아닙니다. 따라서 모든 그리스도인은—예배에서 어떤 순서를 맡든지 맡지 않든지, 또 자신이 목회자이든지 아니든지—오직 그리스도를 통하여 하나님을 예배해야 합니다. 우리 모두는 각자가 능동적 자세로 하나님을 예배하고자 힘써야 합니다.

그러므로 예배와 관련된 이 모든 그릇된 통념들을 한시 바삐 던져 버립시다. 오직 하나님께서 어떤 분이신지 더욱 확실히 아는 가운데, 그분을 능동적으로 예배합시다. 이러한 자세를 견지할 때만이 예배에 초대받을 자격이 갖춰진 것입니다. 이제 시편 95편에 나타나 있는 내용에 입각해 당신을 예배로 초대합니다.

예배의 구성 조건

예배란 무엇이고 어떻게 이루어질까? 이것은 근본적으로 예배 정신—예배의 대상이신 여호와 하나님께 우리가 어떤 마음가짐을 가져야 하는가—의 문제입니다. 동시에 공적 예배에서는 그에 걸맞는 형식적 요소—공동체적 질서—또한 무시할 수 없습니다. 또 예배 정신을 구현해 낼 수 있는 각양의 표현 수단도 고려해야 합니다.

¹오라! 우리가 여호와께 노래하며 우리 구원의 반석을 향하여 즐거이 부르자. ²우리가 감사함으로 그 앞에 나아가며 시로 그를 향하여 즐거이 부르자. ³대저 여호와는 크신 하나님이시요 모든 신 위에 크신 왕이시로다. ⁴땅의 깊은 곳이 그 위에 있으며 산들의 높은 것도 그의 것이로다. ⁵바다가 그의 것이라. 그가 만드셨고 육지도 그의 손이 지으셨도다. ⁶오라! 우리가 굽혀 경배하며 우리를 지으신 여호와 앞에 무릎을 꿇자. ⁷대저 저는 우리 하나님이시요 우리는 그의 기르시는 백성이며 그 손의 양이라. 너희가 오늘날 그 음성 듣기를 원하노라. ⁸이르시기를 너희는 므리바에서와 같이 또 광야 맛사의 날과 같이 너희 마음을 강퍅하게 말지어다. ⁹그때에 너희 열조가 나를 시험하며 나를 탐지하고 나의 행사를 보았도다. ¹⁰내가 사십 년을 그 세대로 인하여 근심하여 이르기를, "저희는 마음이 미혹된 백성이라. 내 도를 알지 못한다" 하였도다. ¹¹그러므로 내가 노하여 맹세하기를, "저희는 내 안식에 들어오지 못하리라" 하였도다.

(시 95:1-11)

위의 구절에서 시편기자는 예배 때의 마음가짐을 두 단계로 묘사하고 있습니다. 첫째, 우리가 그 앞에 나아가는(2절) 일입니다. 그 '앞' 이란 말을 문자적으로 번역하면 그의 '얼굴' 이 됩니다. 예배는 일차적으로 '하나님의 면전' 에 나아가는 것입니다. 둘째, 우리가 굽혀 경배하며 여호와 앞에 무릎을 꿇는(6절) 일입니다. 우리는 여호와의 면전에 나아갈 뿐만 아니라 그분 앞에 무릎을 꿇고 경배해야 합니다.

그러면 오늘날 우리는 어떻게 함으로써 '하나님 앞에' 나아갈 수 있겠습니까? 그 대답은 주저할 바 없이, '예수 그리스도를 통해서' 입니다. 더욱 정확히 말하자면, "우리가 예수의 피를 힘입어 성소에 들어갈 담력을 얻었나니 그 길은 우리를 위하여 휘장 가운데로 열어 놓으신 새롭고 산 길이요 휘장은 곧 저의 육체"이기 때문에(히 10:19-20) 오직 그를 통해서만 하나님께 나아갈 수 있습니다. 다시 말해서, 우리의 심령이 십자가의 보혈을 의지하고 새롭고 산 길로 나아갈 때, 그것이 바로 하나님 앞에 나아가는 것입니다. 따라서 우리는 하나님을 예배하고자 할 때, 단순히 예배당 안에 들어선 것만으로 다 되었다고 생각해서는 안 됩니다. 그저 여러 가지 예배 의식과 순서를 지킴으로써 하나님을 경배하겠거니 하고 자위해서도 안 됩니다. 우리는 십자가 밑에서 그리스도를 통해 하나님께 나아가야 합니다.

일단 하나님의 면전에 나아갔으면 우리는 그분께 '굽혀 절하고'—시편 95편 6절의 '굽혀'(bow down)는 '굽혀 절하다' 라는 뜻입니다—주저 없이 무릎을 꿇어야 합니다. 무릎을 꿇는다는 것은 주권자에 대한 절대적 순종을 의미합니다. 따라서 굽히고 무릎을 꿇는 행위는 우리가 종으로서 하나님을 섬기겠다는 표시요, 하나님께만 충성하겠다는 엄숙한 결단을 표현한 신체적 상징입니다. 우리가 이렇게 하나님 앞에 부복하여 꿇어 엎드릴 때, 왕이요 주인이신 하나님을 올바로 예배하는 것이 됩니다.

공동체적 질서

우리가 지금 관심을 가지고 소개하는 것은 공동체의 예배 활동입니다. 이것은 다음의 세 곳에 나타난 '우리'라는 일인칭 복수 대명사와 권유형의 문장 형태를 보아서 금방 추론할 수 있습니다.

1절	오라! 우리가 …… 하자.
2절	우리가 …… 나아가며 …… 하자.
6절	오라! 우리가 …… 하자.

또 하나님을 "우리 하나님"(7절)으로, 예배자를 "그의 기르시는 백성"(7절)으로 지칭하는 것 역시 공동체성의 반영입니다.

물론 예배에는 공적 예배만 있는 것이 아닙니다. 개인적으로 하나님을 뵈옵고 높이며 찬양하는 사적 예배—큐티, 개인기도 등—도 가능합니다. 그러나 지금 우리는 공적 예배—주로 주일에 일정 건물이나 장소에 모여 함께 드리는 예배—를 염두에 두고 있습니다. 특히 시편 95편 말씀은 이러한 공적 예배에 대한 초대라고 할 수 있습니다.

그런데 우리의 예배가 공적 성격을 띨 때 사적 예배에서는 찾아볼 수 없는 요소가 필요합니다. 예를 들어, 사적 예배에서는 예배자의 예배 정신—하나님의 면전에 나아와 굽혀 경배하려는 마음가짐—만 올바르면 그것으로 충분히 예배가 성립됩니다. 그러나 공적 예배는 그렇지 않습니다. 공적 예배에서도 올바른 예배 정신의 함양이 본질적 내용이지만, 공동체적 질서를 위한 형식적 요소 또한 무시할 수 없습니다. 너무나 상식적인 이야기지만, 공적 예배에 참석하려면 최소한의 예의를 갖추어야—옷을 깨끗이 입어야 하고 점잖이 앉아 있어야—합니다(사적 예배에서는 꼭 그렇게 예의를 갖추지 않아도 정신만 하나님께 집중하고 있다면 아무런 문제가 되지 않습니다).

이렇게 공적 예배에는 사적 예배와 달리 공동체적 질서가 요구됩니다. 그러면 예배에서 왜 이렇게 형식적 요소—곧 공동체적 질서—가 필요한지 그 이유를 좀더 자세히 살펴보겠습니다.

첫째, 공적 예배는 여러 사람 사이의 협약 없이는 이루어질 수 없습니다. 참석자들이 모임에 필요한 사항에 합의해야 하고, 또 지켜야 합니다. 예를 들어, 요일(주일), 시간(오전 11시), 장소(교회당), 소요 시간(1시간 20분) 등에 합의해야 합니다. 이렇게 상호 협약을 수립하는 것은 곧 공동체적 질서 때문입니다.

둘째, 기본적 예의에 관한 사항으로서 이것은 공공의 모임 장소에서는 어디에서나 요구되는 바입니다. 다시 말해서, 다른 이의 비위를 거스른다든지, 주의를 산만하게 한다든지, 불편한 심사를 야기한다든지 하는 일이 없도록 해야 합니다. 한두 가지 예를 더 들자면, 냄새나는 옷을 입고 있다든지, 예배 도중 옆 사람을 뚫어지게 바라본다든지, 시종 콧노래를 부른다든지, 앞 사람과 킥킥대며 웃는다든지 하는 일이 없어야 합니다. 공적 예배에서 이런 것들을 규제하지 않을 수 없는 이유는 공동체적 질서를 세워야 하기 때문입니다.

셋째, 예배 순서를 일관성 있게 정하고 지켜 나가려면 반드시 공동체적 질서가 요구됩니다. 어떤 예배 순서들—말씀선포, 성례

집전, 성시교독, 신앙고백, 축도—은 공동체로 모였을 때만 가능합니다. 또 어떤 예배 순서들—말씀, 찬송, 기도 등—은 사적 예배에서도 얼마든지 가능하지만, 공적 예배에서 채택할 때 그 의미가 새로워집니다. 이 예배 순서들을 적법하게 예전화(禮典化)하고 한 번의 공적 예배에서 알맞게 배열하고 순서를 정해 실행하려면, 반드시 공동체적 질서가 요구됩니다. 교우들이 임의로 예배 순서를 정하고 전체적 통일성이나 일관성 없이 자기 멋대로 예배에 임한다면 이는 결코 바람직한 예배라고 할 수 없습니다(참고. 고전 14:33).

넷째, 공적 예배에서 공동체적 질서가 필요한 또 한 가지 이유는 책임 분담 때문입니다. 공적 예배에는 여러 순서가 연관되어 있기 때문에 그러한 순서를 담당할 사람들도 요구됩니다. 한 번의 주일 예배를 부드럽게 진행하고 차질 없이 마치려면, 책임을 맡은 모든 이들이 성실히 역할 감당을 해야 합니다. 그런데 이러한 지원에는 필연코 공동체적 질서가 포함되게 마련입니다.

지금까지 네 가지 항목에 걸쳐 설명했듯이 예배—공적 예배—가 구성되려면 예배 정신과 아울러 공동체적 질서 또한 필요합니다.

다양한 표현 수단

저는 앞에서 하나님의 면전에 나아가 하나님을 섬기기로 다짐하고 그분께만 충성을 하겠노라는 마음가짐이 예배 정신의 요체라고 밝혔습니다. 그런데 이러한 예배 정신은 우리에게 허락된 자기 방편과 수단을 통해 구현되게 마련입니다. 인간이 지정의의 기능을 가진 인격적 존재이고, 심미적 · 예술적 특성을 나타내는 문화적 존재이며, 영육의 구성 요소가 한데 아우러진 통전적 존재임을 감안할 때, 하나님께 대한 예배 정신 역시 다양한 표현 수단을 요구하리라는 것을 쉽사리 추정할 수 있습니다.

시편 95편 말씀에는 여호와께 대한 예배 정신은 다양한 수단을 통하여 표현됨이 나타나 있습니다. 첫째, 하나님을 예배하는 데 필요한 다양한 방편들이 등장합니다. 우선 '노래'(1절)가 있고, '시'(詩, 2절)가 있습니다. 또 시편 95편에는 나타나지 않지만, 우리는 공적 예배와 관련하여 악기(시 92:1, 십현금, 비파, 수금), 음성(시 98:5), 손(시 134:2)과 손바닥(시 47:1), 춤(시 149:3; 150:4) 등이 활용되는 예를 알고 있습니다.

둘째, 하나님을 예배하는 데는 전인격이 수반되어야 합니다. 6절에는 허리를 굽히는 동작과 무릎 꿇는 동작이 나타나 있습니다. 인간은 영육의 존재이므로 우리의 예배가 온전하기 위해서는 몸과 영혼이 함께 참여해야 합니다. 그러므로 허리를 굽히는 몸의 동작과 함께 여호와께 종으로서 섬기고자 하는 마음 자세가 어우러질 때 전인격적 예배가 가능해집니다. 또 무릎을 꿇는 몸의 동작과 더불어 하나님의 주권을 인정하여 자신을 온전히 굴종시키겠다는 순종의 마음 자세가 동반됨으로써 전인격적 예배의 모습이 형성됩니다.

우리가 예배할 때에 어떤 경우 손을 들기도 하고 자리에서 일어나기도 하는데, 이 역시 몸과 영혼의 전인격적 기능을 발휘하여 하나님을 예배하고자 하기 때문입니다.

우리는 모든 방편(소리, 말, 언어, 악기 등)을 동원해 전인격적(몸,

마음) 활동으로써 하나님을 예배해야 합니다. 이렇게 다양한 표현 수단을 통해서 우리는 하나님께 대한 예배 정신을 구현하는 것입니다.

예배 정신과 형식적/수단적 요소

지금까지 우리는 공적 예배를 구성하기 위한 요건으로서 세 항목, 즉 예배 정신, 공동체적 질서, 다양한 표현 수단을 거론해 왔습니다. 다음에서는 이 세 항목을 두 항목으로 줄여 예배 정신과 형식적/수단적 요소(공동체적 질서 및 다양한 수단)로 나누어 살펴보겠습니다.

예배 정신과 형식적/수단적 요소는 일종의 변증법적 관계에 놓여 있습니다. 참되고 온전한 예배에는 이 두 항목이 모두 다 필요하며, 어느 한쪽이 결여되면 예배의 실행을 가로막게 됩니다. 예를 들어, 예배 정신이 결여된 형식적/수단적 요소는 형식주의적 예배로 급속히 빠지게 합니다. 그러나 반대로 형식적/수단적 요소가 허락되지 않으면 예배 정신을 구현할 길이 사라지고 맙니다. 그러므로 우리는 이 둘을 함께 주장해야 하고, 우리의 예배 문화에서 어느 쪽이 약화되거나 도외시되고 있는지 늘 주의 깊게 관찰하고 시정해 나아가야 합니다.

그런 관점에서 볼 때 한국 교회의 예배는 전자의 형태를 띤 것으로 판단됩니다. 즉, 예배에서의 공동체적 질서를 강조하고 음악이나 분위기 등 다양한 표현 수단에 대해서는 관심을 쏟으면서도, 정작 그런 것들을 통해 구현되어야 할 예배 정신에 대해서는 경시적인 자세를 취하고 있다는 것입니다. 따라서 우리는 우리의 예배 순서가—이미 앞 장에서 여러 차례 강조했듯이—하나님을 신령과 진리로 예배하기 위한 수단임을 뼛속 깊이 인식해야 합니다. 아울러 말씀 전달과 선포, 대표기도, 찬송, 음악 순서 등이 우리의 관람 심리와 위선과 이생의 자랑을 꿈틀거리도록 하는 요소가 되지 않고, 하나님께 대한 예배 정신—종 됨, 순종, 충성에의 다짐—이 활성화되도록 하는 요소가 되도록 해야 할 것입니다.

왜 예배해야 하나?

그러면 왜 우리는 하나님을 예배해야 합니까? 무엇 때문에 하나님께서는 우리의 경배를 받으시기에 합당하신 분일까요? 시편 95편은 이러한 근거를 두 가지로 밝히고 있습니다. 이에 대한 힌트는 3절 및 7절 초두에 나타나는 '대저'(大抵)라는 단어에서 찾을 수 있습니다. '대저'는 '대체로 보아'라는 뜻으로서 원문을 정확히 번역한 것이라고는 볼 수 없습니다. 여기에서는 오히려 '왜냐하면'으로 번역하는 것이 더 합당합니다. 그렇게 볼 때, 우리는 다음과 같이 반복되는 논리적 구조를 발견하게 됩니다.

1–2절	오라! 우리가 …… 즐거이 부르자.
3절	왜냐하면 여호와는 ……이기 때문이다.
6절	오라! 우리가 …… 무릎을 꿇자.
7절	왜냐하면 저는 …… 이기 때문이다.

시편기자는 1-2, 6절에서 비슷한 어휘를 사용하여 우리를 예배로 초대합니다. 그리고 연이어 3절과 7절에서는 하나님을 예배해야 할 이유/근거를 제시하고 있습니다.

첫째 근거: 크신 창조주 하나님이시므로

우리가 여호와 하나님께 노래하고 그를 경배해야 할 첫 이유는 그가 바로 우리의 창조주시기 때문입니다. 이러한 근거 내용이 금방 드러나지는 않습니다. 오히려 "대저(왜냐하면) 여호와는 크신 하나님이시요 모든 신 위에 크신 왕이시기 때문에"(3절) 경배해야 한다고 말합니다.

그런데 우리는 곧 이어, 왜 하나님을 크다고 말하느냐고 질문하게 됩니다. 그에 대한 답변은 4,5절 사이에 나타나 있는데, 바로 여기에 예배의 첫 근거가 명시되어 있습니다.

> [4]땅의 깊은 곳이 그 위에 있으며 산들의 높은 것도 그의 것이로다. [5]바다가 그의 것이라. 그가 만드셨고 육지도 그의 손이 지으셨도다.

5절에 보면 그가 창조주이신 것을 의심할 여지 없이 선명히 부각시키고 있습니다. 그분은 육지와 바다를 모두 창조하셨습니다. 바로 앞 절(4절)에서는 땅의 깊은 곳이 그 손안에—개역 한글판 성경에는 '그 위에'라고 되어 있는데 '그 손안에'로 번역하는 것이 더 정확합니다—있고 산들의 높은 것도 하나님의 소유라고 말합니다. 왜냐하면 이 모든 것을 그분이 창조하시고 지금껏 유지해 오셨기 때문입니다.

이렇게 인간(6절, "오라 우리가 굽혀 경배하며 우리를 지으신 여호와 앞에 무릎을 꿇자")을 포함해 땅, 산, 바다, 육지로 대표되는 삼라만상을 만드시고 다스려 나가시는 분이 하나님임을 생각할 때, 우리는 마땅히 하나님께 경배하는 자세로 나아가며 즐거운 노래와 감사와 시로 그를 높여야 합니다. 무엇보다도 온 세상을 만드셨기에 하나님은 크고 위대하신 분입니다. 이 세상의 어떤 신—실상 그런 신이 객관적으로 존재하는 것도 아니지만—도 육지와 바다를, 그리고 땅과 산을 만든 것이 아니기 때문에, 우리는 여호와 하나님만을 모든 신 위에 뛰어난 위대한 왕으로 높이며 예배하는 것입니다.

둘째 근거: 백성을 기르시는 구원의 주이시므로

우리가 하나님을 경배하고 그분께 예배의 심령을 바치는 또 다른 이유는, 그분이 우리 자신과 만물을 지으신 창조주시기도 하지만 우리를 하나님의 백성으로 삼으신 구원주이시기 때문이기도 합니다. 하나님을 "구원의 반석"(1절)이라고 칭하는 것은 바로 이런 이유에서입니다.

시편기자는 하나님께서 우리의 구원주가 되신다는 사실을 "저는 우리 하나님이시요 우리는 그의 기르시는 백성이며 그 손의 양이라"(7절)라는 표현을 통해 밝히고 있습니다. 그런데 근본적으로 이 표현에는, 하나님께서 이스라엘 백성과 맺으신 언약의 실상이 반영되어 있습니다. 우리가 알다시피 하나님께서는 이스라엘과 언약을 맺으면서, 언약의 조건을 이행할 경우에는 그에 대한 보상으로서 "나는 그들의[너의] 하나님이 되고 그들은[너희는] 나의 백성이 되리라"(렘 31:33)라는 약속을 주셨습니다. 7절에 암시되어 있는 양 떼와 목자 사이의 관계 역시 언약 백성의 또 다른 면모를 밝히는 것입니다(참고. 겔 34:15, 30-31).

사실 이러한 집단적 의미에서의 언약 관계는, 하나님께서 이스라엘 백성의 신음소리를 들으시고 그들의 조상들—아브라함, 이삭, 야곱—과 맺은 언약을 기억하심으로써(출 2:23-24) 시작되었습니다. 하나님께서는 결국 이스라엘 백성을 애굽으로부터 속량하시고 그렇게 구원을 받은 백성과 더불어 언약을 맺으신 것입니다(출 19-24장).

그러므로 이스라엘을 표적과 기사로써 구원해 내신 분이 여호와 하나님이시기 때문에, 구원받은 이스라엘 백성이 하나님께 찬양과 경배를 드리는 것은 너무나 합당하고 당연한 일입니다. 이스라엘을 위해 홍해를 가르시고, 광야 40년 동안 필요한 것을 공급하시며, 요단 강을 멈추게 하시고, 약속의 땅 가나안을 차지하게 하신 분이 바로 하나님이시기 때문에, 이스라엘은 그 하나님께 감사와 찬양을 드리고 그들의 모든 것을 다 바쳐 경배하는 것입니다. 특히 신약 시대에는 언약의 중보자이신 예수 그리스도께서 구속의 십자가로써 우리를 죄와 사망에서 건지셨기 때문에, 우리는 모든 하나님의 백성과 더불어 그 구원의 하나님을 경배하고 그 앞에 무릎을 꿇으며 우리의 충성을 다짐하는 것입니다.

그렇습니다. 여호와 하나님은 우리의 경배를 받으시기에 충분히 합당하신 분입니다. 그가 만물을 지으시고 지금껏 말씀으로 지탱하셨기 때문에, 또 그가 자신의 목숨을 바쳐 구속의 계획을 이루시고 하나님의 백성을 구원해 내셨기 때문에, 우리는 변함없이 그분을 예배하는 것입니다.

결론: 마음의 왜곡에 대한 경고

예배에서 가장 중요한 것이 예배 정신, 즉 하나님을 참되이 예배하려는 마음가짐이듯이, 예배에서 가장 장애가 되는 요인 역시 마음의 문제입니다. 우리가 허리를 굽히고 무릎을 꿇는 것은 실상 하나님께 대한 섬김, 종 됨, 순종의 마음가짐을 나타내기 위함입니다. 그런데 만일 어떤 이가 겉으로는 이러한 신체 동작을 취하되 마음은 전혀 반대의 자세를 견지하고 있다면, 이 얼마나 큰 모순이요 이중적 작태이겠습니까?

시편기자는 이렇게 왜곡된 마음상태에 대해 엄중히 경고합니다. 우리의 마음상태 때문에 시편기자가 '하나님의 음성을 듣는 일'(7절)에 우리의 주목을 환기시키는 것입니다. 여기에서 '음성을 듣는 것'은 단지 청각의 자극과 이에 따른 감각 자료(sense data)를 받아들이는 것을 말하는 것이 아니고, 순종하려는 마음 자세를 지칭하는 표현입니다.

그러면서 시편기자는 이스라엘 백성이 광야 40년 동안 하나님께 드러낸 반역적 태도를 타산지석의 신앙 교육 자료로 제시합니다(8-11절). 이 말씀 가운데는 마음의 왜곡 상태와 연관하여 두 가지 사항이 나타납니다. 첫째, 하나님의 음성을 들으려면 **마음을 강퍅하게 해서는** 안 됩니다(8절). 시편기자는 구체적인 예로서 이스라엘 백성이 므리바 혹은 맛사에서 하나님을 시험한 사건(출

17:1-7, 특히 7절)에 우리를 주목시킵니다. 이 사건은 그들의 마음이 돌처럼 굳어져서 하나님을 신뢰하지 않고 불신과 원망으로만 치달았음을 보여 줍니다.

둘째, 하나님의 음성을 들으려면 **마음이 미혹되어서는** 안 됩니다(10절). 10절 말씀은 그들의 마음이 여호와 하나님의 법도와 뜻으로부터 빗나가 있음을 지적하고 있습니다. 어쩌다가 한두 번 그런 것이 아니고 40년 내내 지속적으로 그랬기 때문에, 그 40년 동안 하나님의 마음은 온통 혐오(10절의 '근심'은 '혐오'로 번역하는 것이 낫습니다)와 분노로 가득했다고 말합니다.

그런데 이스라엘 백성이 하나님을 예배한다고 하면서도 내면으로는 왜곡된 마음을 품는 일은 과거 광야 40년 방황 시절에만 있던 바가 아니었습니다. 이런 일은 시편기자가 시편 95편을 펴낼 당시에도 마찬가지로 존재했습니다. 그때에도 여전히—세부적인 역사적 정황이야 달랐겠지만—강퍅한 마음과 미혹된 마음이 참 예배를 가로막는 장애 요인으로 작용했던 것입니다. 이것은 오늘날에도 마찬가지입니다. 강퍅한 마음과 미혹된 마음의 표현 방식이 그 옛날과 같지는 않지만, 오늘날에도 여전히 우리의 예배에 스며들 수 있는 왜곡된 마음상태가 있기 때문에 이를 경계해야 합니다.

그러면 왜곡된 마음상태는 우리의 예배에서 대개 어떤 식으로 표출될까요? 이를 다섯 가지로 나누어 정리해 보고자 합니다. 첫째, 외관주의(外觀主義, externalism)를 경계해야 합니다. 예배 의식(儀式), 외형적 화려함, 표면상 분위기, 체면과 예의에는 신경을 쓰고 관심을 쏟되 그 예배를 받으시는 하나님께는 전혀 마음을 쏟지 않을 수가 있습니다. 그렇기 때문에 우리는 하나님께서 예배

자에게 기대하시는 것은 우리의 외적 면모가 아니라 우리의 내면
적 심령 상태임을 뼛속 깊이 아로새겨야 할 것입니다.

둘째, 형식주의(formalism)의 올무 또한 우리의 심령에 족쇄로
작용할 수 있습니다. 모든 예배에 꼬박꼬박 참석하고 예배의 각
순서에는 충실하면서도 하나님께 대한 섬김의 각오, 전적 순종과
충성의 마음가짐은 동반되지 않는 수가 있습니다. 그러므로 예배
의 근본정신이 무엇인지 반복적으로 되새겨야 하며, 무엇보다도
각 예배 순서가 신령과 진리의 정신을 자극하고 발현하는 데 활용
되도록 정신을 바짝 차려야 할 것입니다.

셋째, 수동주의(passivism)를 조심해야 합니다. 이것은 예배 내
내 마음의 문을 닫아걸든지 아니면 매우 미온적으로 반응하는 예
배자의 태도를 가리킵니다. 그러나 이미 이 책의 초두에서 밝힌
바와 같이, 예배에 참석하는 그리스도인 모두는―공동체 내에서
의 직분 여부에 상관없이, 또 당일 예배에서의 책임 유무와 무관하
게―능동적으로 하나님을 경배하고 왕으로 높여야 합니다. 왜냐
하면 이야말로 예배자의 특권인 동시에 의무이기 때문입니다.

넷째, 감상주의(感傷主義, sentimentalism) 역시 심심찮게 등장
하는 문젯거리입니다. 우리는 예배에서의 감격을 주로 감정적인
면모― '마음에 와 닿는다' 든지 '느낌이 좋다' 든지―와만 연관시
키고, 그런 경험만을 추구하는 극단적 방향으로 흐를 수 있습니
다. 따라서 우리의 예배가 전인격적 특징을 띠게―지성적 · 정서
적 · 의지적 요소 사이에 통합과 균형이 갖춰지게―되고, 예배자 또
한 전인격적 성숙을 맛볼 수 있게 되어야 합니다.

끝으로 이분주의(二分主義, dichotomism)적 경향에 대해서도 미

연에 방지해야 합니다. 이분주의란 우리가 공적 예배를 통해서는 예배의 정신을 강조하고 지켜 나가면서도, 공적 예배 이외의 일상생활에서는 그 정신을 망각하든지 도외시하는 분열증적 자세를 의미합니다. 그러나 예수 그리스도께서 우리의 왕이신 것(또 우리가 그분만을 섬기고 왕으로 높여 드리는 것)은 공적 예배 때에만 해당되는 것이 아니며, 우리의 일상적 삶에서도 여전히 그러하심을 지속적으로 인정해야 합니다.

만일 우리가 오늘날 참 예배를 방해하는 이러한 왜곡된 마음상태—외관주의, 형식주의, 수동주의, 감상주의, 이분주의—를 효과적으로 처리한다면, 우리는 우리의 하나님을 참되이 예배하게 될 것이고 그 예배를 통해 그의 음성을 들을 수 있을 것입니다. 그러나 이런 것들을 옳게 다루지 못한다면, 우리는 예배를 드린다고 하면서도 실상은 마음의 강퍅함과 미혹에 얽매인 채 위선과 이중성으로 가득 찬 거짓 예배를 연출하는 셈이 될 것입니다.

당신의 예배는 어떻습니까? 또 우리의 예배는 어떠합니까? 그저 예배당이나 예배 의식에만 임하는 것이 아니라 진정 그리스도의 보혈을 통해 하나님 앞에까지 나아가고 있습니까? 우리는 그분께 나아가 우리의 허리를 굽히고 무릎을 꿇으며 종으로서 섬기고자 다짐하고 충성을 다하겠노라 약속하고 있습니까?

우리의 예배 순서(말씀 선포, 기도, 찬송, 성찬 등)와 표현 수단(언어, 목소리, 춤, 시, 음악 등)은 진실로 하나님을 신령과 진리로 예배할 목적 하에, 또 하나님을 창조주와 구원주로 모시고 충성을 다짐하는 수단으로서 아름답고 적실히 사용되고 있습니까?

우리는 우리의 예배 정신을 잠식하는 영혼의 복병들—마음의 강퍅함과 마음의 미혹―을 민감히 알아채고 경계하며, 이 시대에도 여전히 예배를 통해 하나님의 음성을 세밀히 청종하는 그러한 예배자로 세워져 가고 있습니까?

송인규의 Think and Act

1. 문화공연을 관람하는 것과 예배에 참여하는 것에는 어떤 차이가 있습니까?

2. 하나님은 우리의 예배를 받으시기에 합당하신 분입니다. 시편 95편 말씀을 기초로 우리가 하나님께 예배해야 할 근거를 찾아보십시오.

3. 당신은 신령과 진정으로 예배하고 있습니까? 하나님께 예배하는 데 방해가 되는 것은 무엇입니까? 방해 요소를 제거할 구체적인 방법을 제시해 보십시오.

생활 예배
내 삶의 주인은

하나의 종교가 그 신봉자들 사이에서 얼마나 강한 생명력을 유지하고 있는가 하는 것은, 두 가지 기준에 따라 평가해야 한다고 생각합니다. 하나는 의식(儀式) 중심의 활동에 관한 것이요, 다른 하나는 일상생활에서 자기 종교의 가치관을 얼마나 살아 내느냐에 관한 것입니다. 만일 이 두 가지가 골고루 갖추어져 있다면, 그 종교는 참으로 소임(所任)을 다하고 있다고 인정해 주어야 할 것입니다.

이것은 기독교의 경우에도 크게 다르지 않습니다. 기독교가 살아 있는 종교로서 이 세상에서 하나님의 뜻을 펼쳐 나가려면, 위에서 언급한 두 항목 모두에서 결여되는 점이나 위축의 면모가 발견되지 않아야 합니다. 우선, 그리스도인들은 왕성한 의욕을 가지고 의식으로서의 예배를 꾸준히 성심껏 드려야 합니다. 또 예배 이후의 삶에서 기독교적 가치관과 윤리 의식이 선명히 나타나야 합니다.

하지만 우리는 이 점과 관련하여 두 가지 극단적 패턴을 발견하곤 합니다. 어떤 시대 어떤 지역의 기독교를 보면 전자에 속하는 의식 중심의 종교 활동은 강하고 활발한데, 후자에 속하는 삶에서의 기독교적 가치관 발휘 면에서는 명맥조차 이어지지 않는 것 같은 현상을 발견합니다. 반대로 예배 등 의식 위주의 종교 활동 면에서는 미미하면서도 생활에서는 기독교적 정신이나 가치관의 흔적이 뚜렷이 나타나 있는 경우를 접하기도 합니다.

앞에서 설명한 두 가지 패턴 가운데 후자는 20세기 및 오늘날 유럽 교회의 모습을 잘 반영하고 있습니다. 유럽인들은—심지어 그리스도인이라고 자처하는 이들 가운데도—대체로 제도화된 교회(및 예배)를 기피하는 경향이 있습니다. 그런데도 사회의 구석구석, 사람들의 가치관과 문화생활은 어느 정도 기독교적 정신을 반영하고 있습니다. 불행하게도 전자의 예로는 한국 교회가 대표적입니다. 한국의 그리스도인들은 모이고, 예배드리고, 종교적 활동을 벌이는 데는 열정적이지만, 일단 삶의 영역으로 들어가서는 기독교인으로서의 가치관과 정신을 거의 제대로 발휘하지 못하고 있습니다.

의식과 생활의 괴리, 이것은 이스라엘 백성의 문제이기도 했습니다. 그래서 선지자들은 이러한 분열증적 증세를 통렬히 비판했으며, 이스라엘 백성의 삶이 예배 정신과 일치해야 한다는 것을 안타까운 심정으로 외쳤습니다. 먼저, 이사야 선지자의 외침을 살펴보겠습니다.

여호와께서 말씀하시되, "너희의 무수한 제물이 내게 무엇이 유익하뇨? 나는 수양의 번제와 살진 짐승의 기름에 배불렀고 나는 수송아지나 어린 양이나 수염소의 피를 기뻐하지 아니하노라. 너희가 내 앞에 보이러 오니 그것을 누가 너희에게 요구하였느뇨? 내 마당만 밟을 뿐이니라. 헛된 제물을 다시 가져오지 말라. 분향은 나의 가증히 여기는 바요 월삭과 안식일과 대회로 모이는 것도 그러하니 성회와 아울러 악을 행하는 것을 내가 견디지 못하겠노라. 내 마음이 너희의 월삭과 정한 절기를 싫어하나니 그것이 내게 무거운 짐이라. 내가 지기에 곤비하였느니라. 너희가 손을 펼 때에 내가 눈을 가리우고 너희가 많이 기도할지라도 내가 듣지 아니하리니 이는 너희의 손에 피가 가득함이니라. **너희는 스스로 씻으며 스스로 깨끗케 하여 내 목전에서 너희 악업을 버리며 악행을 그치고 선행을 배우며 공의를 구하며 학대받는 자를 도와주며 고아를 위하여 신원하며 과부를 위하여 변호하라"** 하셨느니라. (사 1:11-17)

비슷한 맥락에서 외친 미가 선지자의 따끔한 지적에도 귀를 기울여 봅시다.

내가 무엇을 가지고 여호와 앞에 나아가며 높으신 하나님께 경배할까? 내가 번제물 일 년 된 송아지를 가지고 그 앞에 나아갈까? 여호와께서 천천의 수양이나 만만의 강수 같은 기름을 기뻐하실까? 내 허물을 위하여 내 맏아들을, 내 영혼의 죄를 인하여 내 몸의 열매를 드릴까? 사람아! 주께서 선한 것이 무엇임을 네게 보이셨나니 **여호와께서 네게 구하시는 것이 오직 공의를 행하며 인자를 사랑하며 겸손히 네 하나님과 함께 행하는 것이 아니냐?!** (미 6:6-8)

그렇다고 하여 의식으로서의 예배를 모두 폐하라든지, 아니면 전혀 무시해도 좋다는 말은 아닙니다. 그렇게 하면 또 하나의 잘못이 될 것입니다. 단지 이상의 구절에서 강조하고자 하는 바는 우리의 생활이 예배 정신과 일치해야 한다는 것입니다. 우리는 계속해서 신령과 진리로 공적 예배를 드려야 하되, 그러한 예배 정신이 예배 이후의 일상적 삶과 생활 영역 가운데 그대로 반영되어야 한다는 것입니다.

그렇다면 어떻게 해야 예배 의식과 삶의 현장 사이의 괴리를 극복할 수 있을까요? 신령과 진리로 예배를 드린 예배자가, 어떻게 하면 자신에게 주어진 삶의 환경을 동일한 예배 정신 가운데 살아낼 수 있을까요? 이에 대한 대답은 '생활 예배'에서 찾을 수 있습니다. 다시 말해서, 우리가 '생활 예배'가 무엇이고 그것을 어떻게 드려야 하는지 알게 된다면, 우리 각 개인과 한국 교회의 구성원들 사이에 깊이 뿌리 내린 예배와 삶 사이의 파편화된 분리는 서서히 회복을 향해 희망의 발걸음을 내딛게 될 것입니다!

생활 예배의 개념

저는 생활 예배를 다음과 같이 정의하고자 합니다.

> 생활 예배란 우리의 일상생활을 구성하는 모든 영역과 활동 가운데 하나님을 우리의 왕과 주인으로 인정하고, 삶의 현장을 통하여 주께서 맡기신 사명을 감당함으로써 주님을 영화롭게 하려는 마음 자세이다.

이상의 정의에는 생활 예배의 정체를 파악할 수 있게끔 도와주는 네 가지 요소가 들어 있습니다. 첫째, 생활 예배 역시 예배이기 때문에, 그 예배의 대상은 의식으로서의 예배 때와 똑같이 하나님이십니다. 둘째, 의식으로서의 예배 때와 마찬가지로 생활 예배에서 가장 중요한 것도 예배 정신—하나님을 왕과 주인으로 높이려는 마음 자세—입니다. 만일 이것이 결여된다면, '생활 예배'는 허울은 좋으나 실상은 공허한 신조어(新造語) 게임으로 전락하고 말 것입니다. 셋째, 생활 예배의 중심 장소는 '일상생활' 혹은 '삶의 현장'입니다. 가정, 학교, 회사, 사회 등 모든 영역이 생활 예배의 처소라고 할 수 있습니다. 넷째, 생활 예배에서는 예배의 수단과 삶에서의 활동이 그 내용상 거의 일치합니다. 우리는 삶의 활동을 통해 하나님께 예배하고, 하나님께 대한 예배의 수단으로서 삶의 활동을 수행하기 때문입니다.

생활 예배의 성경적 근거

성경에 '생활 예배'라는 용어는 없습니다. 그러나 앞에서 제시한 제 나름의 정의를 용인한다면, 성경의 가르침 속에서 생활 예배의 개념을 찾을 수 있다고 생각합니다. '생활 예배'를 정당화하는 데 가장 근접하는 성경 구절을 찾는다면, 로마서 12장 1절과 골로새서 3장 22-24절 말씀일 것입니다.

로마서 12장 1절 말씀은 우리의 몸이 참여하는 모든 활동이 예배임을 가르쳐 주고 있습니다.

> 그러므로 형제들아! 내가 하나님의 모든 자비하심으로 너희를
> 권하노니 **너희 몸을** 하나님이 기뻐하시는 거룩한 산 **제사로** 드
> 리라. 이는 너희의 드릴 **영적 예배**니라.

로마서 12장 1절은 여러 면에서 의미심장한 구절입니다. 우선, 모든 그리스도인이 하나님께 제사를 드릴 수 있는 신령한 제사장임을 가르쳐 주고 있습니다. 이러한 영적 진리가 가능하게 된 것은 일차적으로는 그리스도 때문이고, 다음으로는 우리의 믿음 때문입니다.

구약 시대에는 제물(짐승), 제물을 바치는 이(백성), 제사를 드리는 이(제사장)가 별개로 존재하고 있었는데, 예수께서 대제사장이 되심으로써 이 세 가지 역할이 한 존재 안에서 통합되었습니다. 즉 제물이요, 제물을 바치는 이요, 동시에 제사를 드리는 이의 3중 역할을 예수께서는 한 개인으로서 감당하셨습니다.

이런 예수 그리스도를 믿을 때 우리 그리스도인 각자는 주님과

의 연합에 들어갑니다. 그래서 주님의 신분이 이차적으로 우리에게도 해당되는 것입니다. 즉, 우리도 제물, 제물을 바치는 이, 제사를 드리는 이라는 세 가지 역할을 우리 자신 안에서 통합할 수 있게 되었습니다. 만인제사장 이론을 주장할 수 있는 영적 메커니즘은 바로 여기에서 찾을 수 있습니다.

그런데 이 장에서 우리가 논의하고자 하는 것은, 제물인 '몸'에 초점이 맞추어져 있습니다. 우리가 제물로 드리는 '몸'이 과연 무엇을 의미하는가 하는 것입니다. 어떤 이들은 이것을 '인격'(person) 혹은 '자아'(self)로 해석합니다. '몸'은 통상 인간을 구성하는 신체적 부분을 지칭하지만, 여기서는 제유법(提喩法, synecdoche)을 사용한 것으로 보아 결국 인간 전체를 가리킨다고 해석한 것입니다. 이 해석은 대체로 타당하게 받아들여지고 있습니다. 즉, 우리는 우리의 전(全) 존재—자아, 인격—를 하나님께 제물로 드려야 한다는 것입니다.

저는 위의 해석을 지지하면서도, '몸'이라는 단어가 풍기는 신체성(physicality)의 뉘앙스만은 놓치고 싶지 않습니다. 인간의 이분적 구성을 인정하지만, 살아 있는 존재에 대해서는 사실상 그 두 요소를 나누어 볼 수가 없습니다. 우리의 모든 영적 활동은 신체성과 연결이 되어 있고, 동시에 몸이 관련된 모든 활동은 영적 성격을 보유하고 있습니다.

이런 시각에서 볼 때 신약적 의미의 제사란 그리스도인이 자신의 몸을 바치는 것이고, 몸이 개입되는 모든 일, 행동, 활동은 영적 예배가 됩니다. 자신을 하나님께 바친다는 근본적 헌신의 자세만 우리에게 갖추어져 있다면, 우리의 몸이 참여하는 영역이 종교적(공적 예배, 큐티, 신우회 모임, 준비 기도회 등)이든 일상적(휴식, 실험, 공부, 여행, 물건 구입, 헬스클럽 이용, 설거지, 회의 등)이든 간에, 이 모든 활동은 얼마든지 영적 예배로 분류될 수 있을 것입니다. 이 가운데 종교적 영역의 활동은 의식(儀式) 예배로서 이미 '예배'로 인정되고 있습니다. 그러나 몸이 참여하는 일상적 영역의 활동 역시 종교적 활동과 마찬가지로 영적 예배로 간주할 수 있고, 바로 이 부분을 가리켜 생활 예배라 칭하는 것입니다.

골로새서 3장 22-24절 말씀은 우리가 수행하는 일상사조차도 예배의 가치를 갖고 있음을 보여 줍니다.

> [22]종들아! **모든 일에 육신의 상전들에게 순종하되 사람을 기쁘게 하는 자와 같이 눈가림만 하지 말고 오직 주를 두려워하여 성실한 마음으로 하라.** [23]**무슨 일을 하든지 마음을 다하여 주께 하듯 하고 사람에게 하듯 하지 말라.** [24]이는 유업의 상을 주께 받을 줄 앎이니 **너희는 주 그리스도를 섬기느니라.**

이 말씀은 노예 출신의 그리스도인들에 대한 권면을 담고 있습니다. 그런데 바로 이 권면으로부터 우리의 일상적 삶에 대한 귀한 통찰력을 얻을 수가 있습니다. 그 당시 종들에게는 그야말로 천하고 보잘것없는 일거리들이 주어졌습니다. 욕탕에 물 채우기, 음식 나르기, 잔치 준비와 뒤처리, 주인의 잔심부름 등이 그 당시 종들이 하는 일이었습니다. 위의 말씀에서 '모든 일'(22절) 혹은 '아무 일'(23절)은 이런 일들을 가리킵니다.

이런 종류의 일은 누가 보아도 참으로 저속하고 비천한 임무

(menial tasks)였습니다. 더욱이 그들의 일은 이중적인 의미—그 당시 그리스도인들이 보기에도 그랬고, 일반 사람들이 보기에도 그랬다는 점에서—에서 더욱 그렇게 여겨졌을 것입니다.

첫째, 종들이 하는 일은 그리스도인들이 볼 때 세상적인—영적인 성격의 일이 아니므로—것이었습니다. 영혼 구원이나 말씀 전파 등과 달리 그저 '세상의 일'에 불과했습니다. 둘째, 종들이 하는 일은 이 세상의 가치관에 비추어 보아도 초라하기 짝이 없는 것이었습니다. 세상적인 일이라 해도, 고급 관리 직책을 맡는다든지, 권세와 명망을 획득할 수 있는 자리에 놓인다든지, 영원한 진리를 탐구한다든지 하는 것이라면 그 나름대로 보람과 가치를 발견할 수 있었을 것입니다. 그러나 종들이 하는 일은 두 가지 면 모두에서 결격(缺格)이었습니다.

그런데 이토록 세상적이고 무가치해 보이는 노예의 일거리들도, 만약 그들에게 올바른 태도와 정신만 견지된다면 놀라운 신앙적 가치를 보유한 것으로 인정될 수가 있었습니다. 그렇다면, 도대체 '올바른 태도와 정신'이란 무엇일까요? 22절에는 그것이 "주를 두려워하여 성실한 마음으로" 하는 것으로, 23절에는 "마음을 다하여 주께 하듯" 하는 것으로 되어 있습니다.

여기에는 적어도 두 가지 사항이 포함되어 있습니다. 첫째, 일을 할 때 올바른 마음 자세가 동반되어야 한다는 것입니다. "성실한 마음"(22절)은 '마음의 단순함/진실함'을 의미하는데, 우리말로 하자면 일편단심과 통하는 개념입니다. 또 "마음을 다하여"(23절)는 문자적으로는 '심령으로부터'(from the soul)라는 뜻으로서 일을 하는 동기가 마음으로부터 우러나와야 함을 나타냅니다.

둘째, 주님 앞에서 일을 해야 합니다. 즉, 주님을 앞에 모시고 주님이 보시는 가운데 맡겨진 임무를 다해야 합니다. 어떤 이들은 이것을 '코람 데오'(*Coram Deo*, 하나님 앞에서) 사상이라고 했습니다. "주를 두려워함"(22절)이나 "주께 하듯 함"(23절)은 바로 이러한 태도를 가리키는 것입니다. 종이 일하는 그 현장에 주께서 임재해 계시기 때문에 그 주님을 경외하는 가운데 일해야 합니다.

이러한 두 가지 태도를 가지고 일한다면, 종이 하는 세상적이고 비천한 일들도 놀라운 신앙적 가치를 보유하게 됩니다. 24절에 기록된 두 가지 내용에서 그러한 가치를 추론할 수 있습니다. 첫째, 그는 유업의 상을 주께 받습니다. 노예가 해야 하는 천한 일을 하면서도 그 마음이 올바르면, 주님께 상급을 받게 됩니다. 이것은 노예가 하는 일에도 굉장한 종교적 가치를 부여할 수 있다는 뜻입니다.

둘째, 주 그리스도를 섬기는(예배하는) 기회가 됩니다. 여기에 등장하는 동사 '섬기다'를 통상적 의미에서의 '예배하다'로 해석할 수는 없지만, 광의적 예배 개념을 함의하는 것은 사실입니다. 그렇다면 종들이 세상적이고 비천한 일을 수행하고 있다 할지라도 올바른 마음 자세만 견지한다면, 그들은 예배를 드리는 것과 똑같이 가치 있는 일에 참여하고 있는 것입니다.

노예가 하는 천한 일과 관련하여 거론한 두 가지 영적 의의 가운데 후자가, 현재 우리가 논의하고 있는 생활 예배의 주제와 긴밀히 연관됩니다. 노예의 일들이 생활 예배의 수단으로 작용했다면, 하물며 오늘날 우리의 삶은 어떻겠습니까? 우리가 삶의 현장에서 수행하는 크고 작은 일들—비록 그것이 신앙적이고 종교적인 사안과 아무런 상관이 없다 하더라도—은 하나님께서 보시기에 예배의 가치를 가지며, 우리의 일상적 삶은 예배의 계기를 마련해주는 것입니다.

생활 예배를 향하여

생활 예배는 이토록 중요한 신앙적 의미를 가졌음에도 불구하고 의식 예배만큼 주목을 받지 못하고 있습니다. 그 이유는 물론 인식의 부족 때문입니다. 그러나 혹시 생활 예배의 성경적 근거를 배우고 그 필요성에 대해 들었다 해도, 생활 예배를 실행하기란 쉽지 않습니다. 따라서 저는 생활 예배의 과제에 따른 문제점을 네 가지로 소개하고, 각각의 문제점에 대한 해결책을 제시하고자 합니다.

일상생활의 영적 가치에 대한 회의

문제점

생활 예배에 대한 설명을 듣고 개념을 소개받았지만 대부분의 그리스도인들은 아직도 이 용어나 내용에 대해 낯설다는 느낌을 받기가 쉬울 것입니다. 왜냐하면 우리의 일상생활이 과연 그렇게 신앙적 가치를 지니고 있는지—예배적 가치는 차치하고서라도—조차 확신하지 못하기 때문입니다.

생활 예배가 일상생활을 매개로 한 예배이기 때문에 더욱 근본적으로 필요한 일은, 일상생활에 과연 신앙적인 가치를 부여할 수 있는가 하는 의문부터 해결해야 합니다. 저는 일상생활이 신앙적으로 가치가 있다는 것을 두 가지 사항에 의거해 설명하고자 합니다.

첫째, 일상생활이 신앙적으로 긍정적 가치를 갖는 것은, 성경의 세계관이 제시하는 바입니다. 기독 신앙은 종교적 영역의 사항과 활동뿐만이 아니라 일상적 영역의 모든 것과도 연관이 됩니다. 일상생활을 구성하는 제요소— '만물'의 범주에는 이런 요소들도 포함이 되는데—는 그리스도의 창조에 의해 생겨났고(골 1:16; 참고. 요 1:3), 그의 말씀으로 유지되고 있으며(골 1:17; 히 1:3), 그의 십자가의 피로 하나님과 화목케 되었습니다(골 1:20). 따라서 우리는 먹든지 마시든지 무엇을 하든지 하나님의 영광을 위해(고전 10:31), 그리스도의 이름으로(골 3:17) 해야 하며, 일상생활을 포함해 무슨 일을 하든지 주께 하듯 해야 합니다(골 3:22-23). 일상생활은 하나님의 영광을 반영하고, 신앙적 가치관을 실현하는 구체적 훈련의 장인 것입니다.

둘째, 성경은 우리의 일상생활이 하나님께서 함께하실 만큼 가치 있는 것으로 말합니다. 예수 그리스도께서 "세상 끝 날까지 너희(우리)와 항상 함께 있으리라"(마 28:20)라고 약속하셨을 때, 이것은 꼭 종교적인 영역에서의 활동에만 연관된 것이 아니었습니다. 왜냐하면 그리스도께서는 영적 영역의 권세만을 받으신 분이 아니시고(참고. 마 28:18, "하늘과 땅의 모든 권세"), 그의 가르침 또

한 소위 '영적' 항목으로만 구성되어 있는 것이 아니기 때문입니다(참고. 마 28:20, "내가 분부한 **모든 것**"). 따라서 그는 우리와 '항상' ─종교적 영역에 관여하든 일상적 활동 가운데 있든─ 함께하신다고 약속하셨습니다.

그런데 하나님의 임재에 대한 이 약속은 우리의 믿음만 있으면 얼마든지 실현됩니다. 이 약속이 우리의 것이 되기 위해서, 우리가 하나님의 임재에 대한 독특한 의식(consciousness)을 보유해야 하는 것은 아닙니다. 어떤 경우에는 그러한 의식을 보유할 수도 있을 것입니다. 그러나 대부분의 경우에는 그렇지 않습니다. 그렇다고─우리에게 독특한 의식이 없다고─하여 하나님께서 그분의 임재를 거두어 가시는 것은 아닙니다. 우리가 일상생활에 임하면서 하나님의 임재 약속을 믿음으로 받아들이는 한, 그에 걸맞은 의식이 있든 없든 하나님은 항시 우리와 함께하시는 것입니다.

일상생활이 이러한 가치를 보유하고 있기 때문에 우리는 그것을 매개로 하여 생활 예배를 드릴 수 있습니다.

예배에서 목회자가 주도권을 잡아야 한다는 의식

문제점

주일 예배 시에는 목회자가 모든 주도권을 갖고 사역하기 때문에 그리스도인들은 수동적으로 참여만 하면 '만사 오케이'였습니다. 그러다 보니 수동성이 아예 몸에 배게 되었습니다. 의식으로서의 예배에서는 이렇게 해도 생활 예배에서만큼 치명적이지는 않습니다. 아니 할 말로, 우리가 주일 예배를 수동적이고 미온적으로 드린다 해도, 최소한 외형상으로는 예배가 진행되는 법입니다. 그러나 생활 예배에서는 그렇지 않습니다. 만일 내가 수동적이고 미온적인 자세를 취하면, 아예 예배를 드릴 수 없게 됩니다. 왜냐하면 삶의 현장에서는 나 자신이 주도적 역할을 감당하지 않으면 그 누구도 대신하여 책임성 있게 수행할 수 없기 때문입니다.

해결 방안

이 경우에는 그저 정면 돌파라는 강력한 대응밖에 해결책이 없습니다. 먼저, 그리스도인이 자신의 삶 가운데 생활 예배를 수행하는 것은 피할 수 없는 사안임을 자각해야 합니다. 우리는 몸이 개입하는 삶의 모든 영역에서 자신을 산 제사로 드려도 되고 안 드려도 되는 것이 아니라, **반드시** 드려야 합니다. 생활 예배는 자신이 싫으면 마다할 수도 있는 선택 사항이 아닙니다.

그러므로 항시 목회자에게 모든 것을 떠맡기는 회피적 의존 자세에서 탈피해야 합니다. 우리가 초신자로 있을 때는 물론 성숙하고 나서도 어떤 사항—전문적인 신학 지식, 성경 해석의 문제, 하나님과의 관계에서 생기는 각종 의문이나 난점들 등—의 경우(제한적으로는)에는 목회자의 도움이 절실히 요구됩니다. 그러나 생활 예배와 관련해서는 목회자가 크게 도움이 되지 못합니다. 생활 예배에 관련해서 목회자는 어디까지나 코치이지 그리스도인의 삶을 대신 살아 주는 플레이어는 될 수 없습니다.

따라서 각 그리스도인은 "내가 아니면 아무도 할 수 없다"라는 비장하고 결연한 심정 가운데 삶의 터전으로 나가야 합니다. 아무도 도와줄 수 없는 것이기에 스스로 주도권을 잡고 삶의 예배에 임해야 합니다. 숱한 고난과 시행착오가 있겠지만, 그런 것들을 딛고 일어나 생활 예배자의 길을 걸어야 합니다.

예배 정신을 유발하는 수단들의 결여

문제점

우리는 일상생활에서 진정한 예배 정신, 열렬한 신앙심, 하나님에 대한 임재 의식을 갖지 못하는 수가 허다합니다. 그것은 의식(儀式)으로서의 예배 때와 달리 그런 예배 정신을 유발하는 수단들—예를 들어, 찬송가, 권면의 말, 신앙심을 일깨우기 위한 상징들—이 현저히 결여되어 있기 때문입니다.

해결 방안

우리의 종교 의식(religious consciousness)은 종종 상징과 매개물을 통해 유발되고, 그로 인해 우리의 심령은 거룩한 자극을 받습니다. 예를 들어, '기도하는 손' 그림은 환난과 핍박 가운데서 마지막 순간까지도 주님만을 의지한 어느 그리스도인 선배의 이야기를 상기시키고, 그 순간 내게도 그러한 염원과 동경의 불꽃이 타오르는 것을 느끼게 합니다. 교회 종탑 뒤의 기도실은 하나님께 생애를 바치기로 결심한 지난날의 어떤 사건을 떠올려 줍니다. "너 예수께 조용히 나가 네 모든 짐 내려놓고"라고 찬양만 시작하면 내 온 심령은 잔잔한 즐거움과 평안으로 가득합니다.

우리의 예배 처소와 의식으로서의 예배 환경에는 이러한 각종 상기물(想起物, reminders)이 엄청나게 많이 깔려 있습니다. 이런 것들은 알게 모르게 우리의 신앙심과 종교적 열정을 불러일으키고, 마음을 하나님께 향하도록 자극합니다. 하지만 생활 현장에서는 전혀 그렇지 않다는 게 문제입니다. 따라서 우리 각자는 생활 현장에서 자기 나름대로 상기물을 찾아내든지 만들어야 합니다. 하나님의 살아 계심, 지혜로우심, 사랑 많으심 등을 우리에게 일깨우고 지속적으로 영적 자극을 부여할 수 있는 그런 상징들(글, 그림, 사건, 인상 등등)이 필요합니다.

상기물은 크게 세 가지 영역으로 나눌 수 있습니다. 첫째, 자연 세계입니다. 구름, 하늘, 달, 수목, 시냇물, 태양, 별빛, 오리너구리, 종유석, DNA 구조, 화성 등이 모두 이에 속합니다. 시편기자 역시 하늘, 날, 밤, 해(시 19:1-6), 동식물(시 104:10-30) 등을 통해 하나님이 어떠하신지를 상기했습니다. 주님께서도 공중 나는 새와 들의 백합화를 통해 천부의 손길을 말씀하셨습니다(마 6:26-30).

둘째, 문화적 산물입니다. 오늘날 우리가 살고 있는 도시는 거의 대부분 문화적 산물로 둘러싸여 있습니다. 인간이 이런 작품, 제도, 관습을 산출하고 형성할 수 있는 이유는, 그가 근본적으로 하나님의 형상을 따라 지음 받았고, 그로 인해 만물을 지배할 수 있게 되었기 때문입니다(창 1:26-28). 따라서 비록 우회적이고 간접적이기는 하지만, 컴퓨터, 자동차, 결혼 제도, 예술품, 음악회, 종탑, 문화재 등과 같은 문화적 산물 역시 하나님의 지혜와 선하심을 상기시키는 수단이 될 수 있습니다.

셋째, 인간 자신입니다. 인간은 하나님을 닮은 존재입니다. 따라서 인간관계와 상호교류 또한 하나님의 능력과 지혜로우심을 상기시키는 수단이 됩니다. 비록 인간이 죄투성이 존재이고, 타락한 인간은 서로 간에 갈등, 질시, 증오, 경쟁, 소외 등으로 그릇되게 반응하고 있지만, 그래도 인간은 계속해서 하나님의 형상을 지닌 존재입니다(약 3:9). 따라서 인간 또한 하나님의 사랑과 선하심을 일깨우는 중요한 상기물 역할을 할 수 있습니다.

우리의 일상생활은 실상 이러한 세 가지 종류의 상기물로 꽉 차 있습니다. 우리에게 내면적 훈련이 이루어진다면, 세상의 환경 속에도 하나님께 주의를 돌리고 하나님을 왕으로 찬양할 수 있는 수많은 수단들이 존재함을 깨달을 수 있을 것입니다.

일상생활 중 불편한 부분과 신앙적 가치

문제점

우리의 일상생활 가운데 어떤 부분은 어쩐지 공개하고 싶지 않은—누구든지 다 알면서도 말하기는 꺼리면서 쉬쉬하는—불편한 종류의 활동과 연관이 됩니다. 우선, 죄 된 영역의 삶이 있습니다. 성적 부도덕, 뇌물수수, 부정행위, 세금조작 등이 그런 예입니다. (혹은 개인이 통제할 수 없는 구조적 죄악에의 연루 행위도 포함됩니다.) 또 꼭 죄라고까지는 할 수 없지만 어쨌든 적극적인 가치를 부여하기에 난감하다고 생각하기 쉬운 그런 일들, 즉 거래처에서의 승강이, 파업 주도, 물건 흥정, 법무 이사와의 말다툼, 술자리가 포함된 회식 자리 참여, 주일의 해외 출장, 기금 확보를 위한 캠페인 또한 무시할 수 없습니다. 게다가 윤리적 성격과 무관하지만(혹은 윤리적 성격에 저촉되지 않지만) 공적으로 드러나면 수치스러운 일들, 즉 배설 행위, 부부의 성관계, 생리 기간의 행동거지, 성적 공상, 코딱지 처리에 대한 습관, 자는 모습, 신체 기관의 기형적 특징, 화·짜증·신경질의 분출, 과거로 인한 마음의 상처 등도 이 범주에 들어간다고 할 수 있습니다.

해결 방안

일상적 삶의 영역 가운데 여러 경우는 신앙적 가치 부여를 어렵게 만드는 것이 사실입니다. 그러나 그 이유를 자세히 분석해 보면, 제시된 근거가 일상생활에 대한 것이 아니거나 근거 자체가 잘못 형성되어 있음을 알게 됩니다. 그런데 이러한 '불편함' 의 이유도 각각 다르므로, 해결책 제시를 위해서는 각 사항을 따로따로 취급할 수밖에 없습니다.

1. 고의적이고 명백한 죄악을 포함한 일상생활은 결코 신앙적 가치를 보유할 수 없습니다. 이 경우 해당자는 즉시 죄를 자백하고 깨끗함을 받아야 합니다. 이렇게 죄악을 포함한 일상생활이 문제되는 것은, 그 일상생활 자체가 본질상 비신앙적인 것이기 때문이 아니라 그것이 죄악에 연루되었기 때문입니다. 지금까지 주장했듯이 일상생활은 하나님 앞에서 긍정적 가치를 지닙니다.

2. 구조악의 경우—자기 개인으로서는 회개하고 깨끗이 살고자 몸부림을 친다고 해도 현재의 생활 영역에 계속 있는 한 악이 당장 제거되지 않는 상황을 의미함—에는 문제가 좀더 복잡합니다. 이는 자신이 현재로서는 통제할 수 없는 사회적·집단적 악에 연루된 것이기 때문입니다. 따라서 '당면한 악에 대한 인식' '도덕적

혐오감’ ‘자신의 한계 인정’(참고. 왕하 5:17-18) ‘장기적 안목에서의 변화에 대한 열망’ 등을 가지고 그 생활 영역에 남는다면, 하나님께서 그와 함께하시고 그와 그의 일이 하나님께 가납(嘉納)될 수 있을 것입니다.

3. 윤리적인 회색 지대에서의 삶 역시 신앙적 가치 부여를 어렵게 만드는 것이 사실입니다. 그러나 이에 대한 도전으로서 저는 야곱의 삶을 소개하고자 합니다. 야곱은 외삼촌 라반과 함께 살면서 배우자 문제와 관련하여 속임을 당했고(창 29:25), 품삯을 정하는 일에서는 몇 번씩이나 농락을 당했습니다(창 31:7, 41). 그러나 그는 가축의 증식에 대한 전략으로 분주했고(창 30:37-43), 가축들을 짐승으로부터 지키느라 밤낮으로 안간힘을 썼으며(창 31:39-40), 외삼촌에 대해 연막 전술(창 31:17-21)과 정면 공격(창 31:36-42)으로 응수하기도 했습니다.

그런데 이런 모든 과정과 관련하여 하나님께서 야곱과 함께하셨다고 말합니다(창 31:6, 42). 물론 우리의 일상적 삶에서 비윤리적이고 죄악된 것은 정당화될 수 없습니다(야곱도 외삼촌과의 생활에서 상당히 정직했습니다[창 31:38-41]). 그러나 선과 악이 명확히 규명되기 힘든 도덕적 회색 지대, 다시 말해서 신앙적으로 받아들이기가 어렵게 느껴지는 그런 영역에서의 삶이라 할지라도, 만일 우리가 양심의 깨끗한 증거만 보유하고 있다면 놀랍게도 거기에는 하나님께서 함께하시는 법입니다.

4. 우리의 성적 · 생리적 · 신체적 양상은 결코 하나님으로부터의 호의를 받아 누리는 일에 방해가 되지 않습니다. 구약 시대에는 이런 것들이 부정(不淨)한 일에 속했고, 하나님과의 관계를 가

로막았습니다. 예를 들어, 어떤 종류의 음식물 섭취는 부정한 것이었고(레 11:1-23), 짐승의 시체에 접촉하면 부정해졌으며(레 11:39), 피부병의 감염(레 13:1-8)·남성의 설정(泄精, 레 15:16)·여성의 경도(經度, 레 15:19)가 부정의 원인이었는가 하면, 신낭(腎囊)이 상한 자나 신(腎)이 베인 자(즉 거세된 자)(신 23:1)와 사생아(신 23:2)는 하나님의 백성 가운데 참여할 수가 없었습니다.

그러나 신약 시대가 밝으면서 이런 모든 신체적·생리적 조건들은 하나님과의 관계 수립에 하등의 장애 요인이 될 수 없게 되었습니다. 바꾸어 말하자면, 여성의 생리일에도, 부부가 성관계를 할 때에도, 돼지고기를 먹을 때에도, 또 피부병 치료를 받으러 갈 때에도 하나님께서 함께하십니다. 성기능을 다하지 못하는 이와 사생아의 삶에도 하나님은 기꺼이 함께하십니다. 왜냐하면, 신약 시대에는 그리스도께서 의문에 속한 계명의 율법을 자기 육체로 폐하셨고(엡 2:15; 골 2:14), 옛 언약에 속하는 것들이 낡아지고 쇠해졌으며(히 8:13), 또 그리스도 안에서 종교적·사회적·문화적·성적 차별이 무효화되었고(갈 3:28; 골 3:11), 무엇이든지 스스로 속된 것이 없고 다만 속되게 여기는 그 사람에게만 속되기(롬 14:14) 때문입니다. 구약 시대와 신약 시대 사이에 존재하는 이 놀라운 변화가 복음의 은택 가운데 하나가 아니고 무엇이겠습니까?

앞에서 설명했듯이 생활 예배를 수행하는 데는 여러 난점들이 따릅니다. 하지만 그렇다고 하여 생활 예배를 포기할 수는 없습니다. 오히려 우리는 이러한 난점을 박차고 일어나 우리의 일상생활에서도 예수 그리스도를 참된 왕과 주인으로 높여야 합니다. 그럴 때만이 우리는 일관성 있게—의식으로서의 예배에서든 생활 예배에서든—주님을 예배하는 하나님의 백성이 될 것이요, 우리 가 실존해 있는 모든 영역이—예배당이나 삶의 터전이나—거룩한 예배 처소로 찬란히 변화할 것입니다.

송인규의 Think and Act

1. 한국 교회는 모이고 예배드리고 종교적 활동을 벌이는 데는 열정적이지 만, 삶에서 말씀을 실천하는 일은 등한시한다는 평을 듣고 있습니다. 의 식과 생활의 괴리를 극복하기 위해서 우리는 어떻게 해야 할까요?

2. 생활 예배란 "우리의 일상생활을 구성하는 모든 영역과 활동 가운데 하 나님을 우리의 왕과 주인으로 인정하고, 삶의 현장을 통하여 주께서 맡 기신 사명을 감당함으로써 주님을 영화롭게 하려는 마음 자세"로 정의 해 볼 수 있습니다. 로마서 12장 1절과 골로새서 3장 22-24절 말씀을 기초로 생활 예배에 대해서 정리해 보십시오.

3. 당신은 생활 예배를 실천하고 있습니까? 실천하지 못하고 있다면, 그 이유는 무엇입니까? 생활 예배를 방해하는 요인들을 찾아보고, 어떻게 하면 삶으로 하나님을 영화롭게 할 수 있을지 논의해 보십시오.

아는 만큼 누리는 예배

The More You Know, the More You Enjoy the Service

지은이 송인규
펴낸곳 주식회사 홍성사
펴낸이 정애주
국효숙 김의연 김준표 박혜란 송승호 오민택
오형탁 윤진숙 임영주 차길환 최선경 허은

2003. 4. 25 초판 발행　2019. 8. 30. 15쇄 발행

등록번호 제1-499호 1977. 8. 1
주소 (04084) 서울시 마포구 양화진4길 3　전화 02) 333-5161　팩스 02) 333-5165
홈페이지 hongsungsa.com　이메일 hsbooks@hsbooks.com　페이스북 facebook.com/hongsungsa
양화진책방 02) 333-5163

ISBN 978-89-365-0197-6 (03230)